▽

LANGUAGES OF OUR LAND

LANGUES DE NOTRE TERRE

△

LANGUAGES OF OUR LAND
INDIGENOUS POEMS AND STORIES FROM QUEBEC

Edited by/Sous la direction de Susan Ouriou
Translated by/Traduit par Christelle Morelli

LANGUES DE NOTRE TERRE
POÈMES ET RÉCITS AUTOCHTONES DU QUÉBEC

Banff Centre Press

Languages of Our Land: Indigenous Poems and Stories from Quebec
Langues de notre terre : Poèmes et récits autochtones du Québec
Copyright © 2014 by the contributors
English translation © 2014 Christelle Morelli

Any unauthorized reprint or use of this material is prohibited. No part of this book may be reproduced or transmitted in any form or by any means, electronic or mechanical, including photocopying, recording, or by any information storage and retrieval system without express written permission from the publisher, or in the case of photocopying, a license from the Canadian Copyright Licensing Agency, Access Copyright.

Cataloguing data available from Library and Archives Canada

ISBN 978-1-894773-76-8 (pbk.)
ISBN 978-1-894773-77-5 (epub)
ISBN 978-1-894773-78-2 (mobi)

Designed by Jessica Sullivan

Banff Centre Press
Box 1020, 107 Tunnel Mountain Drive
Banff, Alberta, Canada T1L 1H5
www.banffcentrepress.ca

The Banff Centre is pleased to acknowledge the generous donors who have given financial support to the Banff International Literary Translation Centre (BILTC) and the Aboriginal Emerging Writers Program/Écrivains autochtones en début de carrier, and the generous support of the Canada Council for the Arts.

Canada Council   Conseil des arts
for the Arts   du Canada

TABLE DES MATIÈRES
TABLE OF CONTENTS

SUSAN OURIOU Introduction 1
Introduction 6

JEAN SIOUI Poussière de notre sang 11
Dust of Our Blood 19

MÉLINA VASSILIOU Identités flouées 28
Identity Theft 29

Oisiveté/Vérité 30
Aimless Youth/Only Truth 31

Affirmations fragiles 32
Fragile Affirmations 34

Lâche pas ! 36
Don't Give Up! 38

Au jour le jour 40
Day by Day 41

Progéniture/Écriture 42
Birthing/Writing 43

CAROLE LABARRE Pishimuss 45
Pishimuss 47

RÉAL JUNIOR LEBLANC	Blocus 138 — La résistance innue 50
	Roadblock 138 — Innu Resistance 52
	Grève de la faim 54
	Hunger Strike 55
	L'enfance déracinée 56
	Uprooted Childhood 57
	J'ai toujours vécu ici 58
	I Have Always Lived Here 60
MARIE-ANDRÉE GILL	Ilnu 63
	Ilnu 69
ALAIN CONNOLLY	L'illumination 76
	Illumination 80
	Mush apu etaiat athuk 84
	Mush Apu Etaiat Athuk 86
JOHANNE LAFRAMBOISE	Émergence 89
	Emergence 95
MANON NOLIN	Origine égarée 102
	Lost Origin 103
	La mer 104
	The Sea 105
	La terre de ma langue 106
	The Land of My Language 107
	L'aigle qui parle à la louve 108
	The Eagle to the Wolf 109

JACINTHE CONNOLLY	Les Bougalous *111*
	The Bougalous *124*
MURIELLE ROCK	Le grand chasseur *136*
	The Great Hunter *137*
	Des mots *138*
	Words *139*
	Une petite voix *140*
	A Small Voice *141*
	Le silence *142*
	Silence *143*
MAYA COUSINEAU-MOLLEN	La rage du charnier *145*
	Rage at a Mass Grave *146*
	Agonie au son de Cris Derksen *147*
	Agony to the Sound of Cris Derksen *152*
	Iamé Utshimau Jack Layton *157*
	Iamé Utshimau Jack Layton *159*
VIRGINIA PÉSÉMAPÉO BORDELEAU	Déclaration de paix des femmes *162*
	Women's Declaration of Peace *165*

Remerciements *168*
Acknowledgements *171*

Mots/Words… *174*

INTRODUCTION

Langues de notre terre/Languages of Our Land met en vedette la poésie et la prose de douze écrivains autochtones du Québec, dont certains sont au début de leur carrière alors que d'autres sont déjà bien établis. Tous ont participé à la résidence dite « Écrivains autochtones en début de carrière » subventionnée par le Conseil des arts du Canada, soit à Banff où le programme a débuté, soit au Québec quand le volet francophone y a été transféré. La résidence offrait aux participants autochtones un mentorat par des écrivains autochtones de talent provenant de partout au pays et de l'étranger. Cette anthologie présente des textes résultant du travail des écrivains en résidence ainsi que des écrits rédigés par la suite.

De nombreuses langues sont mises en valeur dans cette anthologie en plus des textes originaux en français. Les écrivains que l'on retrouve dans ces pages proviennent de diverses traditions linguistiques autochtones, mais tous parlent le français et écrivent dans cette langue. Pour ceux des communautés Innu/Ilnu où la langue innu-aimun est toujours parlée, écrire en français permet d'avoir accès à un plus vaste public. Pour les Wendat comme pour certaines autres nations, bien que le français soit devenu la langue parlée et écrite dans leur communauté, un important mouvement visant à revitaliser leur langue maternelle se dessine.

En dépit de la traduction en anglais ou en français, l'esprit des langues de départ, que ce soit le wendat, l'innu-aimun, le cri ou l'algonquin, est toujours présent.

Jean Sioui, mentor francophone pour les participants à l'ancien programme bilingue au Centre de Banff et directeur actuel du programme au Québec, l'exprime ainsi :

« Les auteurs des Premières Nations sont les nouveaux gardiens de la langue, ils créent de nouveaux rituels dans l'esprit des anciens, ils racontent des histoires et livrent des messages qui vont au-delà du domaine de la littérature puisque leur vision holistique du monde — où la forme du cercle est primordiale — tient compte de la terre et de tout ce qu'elle détient… Les auteurs autochtones ont l'occasion d'écrire une autre version non-officielle de l'histoire du Canada. »

Karen Olson, directrice dans les premières années du programme, abonde dans le même sens : « Bien que nous écrivions de nouvelles histoires, peignions de nouveaux tableaux et créions de nouvelles sculptures, l'esprit de nos créations nous parvient de la mémoire ancestrale et du sang de nos ancêtres qui coule dans nos veines. »

La résidence a vu le jour à l'automne 2006, sur les flancs de la montagne Buffalo, à Banff. Il y a peu d'endroits sur terre aussi propices pour se fortifier dans sa spiritualité. Cette montagne demeure un lieu sacré où des peuples des Premières Nations se rendent depuis le début des temps pour s'y ressourcer. C'est dans les Rocheuses et leur décor majestueux que les boursiers du Conseil des arts du Canada ont l'occasion de renouer avec la terre, la rivière, les forêts et le ciel. Des aînés participent aux résidences, y prennent la parole, offrent des prières à travers des cérémonies de purification et des cercles de partage. Les participants ont la possibilité de visiter des écoles des Premières Nations près des lieux de résidence. Ils mettent pied sur la terre sacrée de l'ocre rouge, ont accès à des tentes de suerie, participent à des pow-wows, dansent des danses en rond, vont à la forêt et à la rivière, tout cela afin de trouver une médecine pour l'âme.

Comme nous le rappelle la directrice des Arts autochtones au Centre de Banff, Sandra Laronde, dans la pensée autochtone : « Nous venons d'un monde centré sur l'esprit… et non pas juste sur l'humain. Cette pensée ne relève plus du cause à effet ni du linéaire, elle ressemble plus à une toile de filaments reliés à tout ce qui existe, la nature et les êtres, franchissant ainsi les continents, les générations, les races, l'homme et la femme… » L'expérience procure véritablement, en plus d'une formation sur la création littéraire, une occasion de ressourcement dans la culture et l'esprit des Premières Nations.

Un esprit qui ne se dévoile pas seulement dans la beauté des Rocheuses et dans les expériences sensorielles que les lieux nous offrent mais aussi dans l'acte de l'expression lui-même, comme l'explique Karen Olson. « Au cœur de la tradition orale est le pouvoir du mot. Parlé, entonné ou chanté en cri, innu, anishnabe, métchif, wendat ou nuu-chah-nulth, chaque culture dans chaque récit, discours et chanson a rendu le *mot* sacré. » Bien que les auteurs présentés dans cette anthologie écrivent en français, le langage est imprégné de leur culture autochtone, qui est elle-même imprégnée de l'esprit des langues d'origine.

Dans leurs poèmes et récits, les auteurs composent avec, entre autres, les marques noires de l'histoire (« La rage du charnier » de Maya Cousineau-Mollen); le legs de la colonisation (« le monde divisé » d'Alain Connolly); les pensionnats (« Qui étiez-vous pour vider mon village de ses enfants ? » écrit Réal Junior Leblanc); les familles et communautés brisées (« Les Bougalous » de Jacinthe Connolly); et la rage tournée vers d'autres et vers soi-même (« Identités flouées » de Mélina Vassiliou). Ces textes illustrent précisément comment le cercle avec les premiers peuples, la terre et ses créatures a été rompu.

En même temps, le lecteur est témoin de la grande fortitude des premiers peuples — « Nous sommes millénaires » souligne Marie-Andrée Gill, tels le grand chasseur dont la « présence était silence » de Murielle Rock ou l'aînée Pishimuss de Carole Labarre. De même, en faisant parler la terre, « réceptacle de la mémoire » d'après Johanne Laframboise, et ses créatures, telles que l'aigle qui parle à la louve du poème de Manon Nolin, plusieurs des auteurs nous rappellent que l'avenir sera construit par nous tous pour nous tous.

En tant que directrice de cette anthologie tant rêvée et interprète et traductrice pour les résidences bilingues tenues au cœur des Rocheuses canadiennes, j'ai eu l'immense privilège de voir de première main la réponse apportée à la question posée par le mentor Jean Sioui : « En donnant à la langue française — la langue blanche — une perfusion de sang rouge, n'est-ce pas grâce à la générosité des nations que nous donnons une nouvelle vie à cette langue ? » Dans ces poèmes et récits qui font face aux tragédies du passé, qui exigent des réparations et qui provoquent des changements pour un avenir meilleur, nous y voyons reflétées les transformations par lesquelles passe notre monde actuel.

Ainsi, la réponse que nous trouvons dans les écrits de Jean Sioui et des onze autres écrivains de talent que nous allons rencontrer est un « oui » retentissant : nous sommes tous les bénéficiaires de cette perfusion, de cette nouvelle vie, laquelle permet une réinterprétation de l'histoire et une redécouverte de ce qu'est l'esprit. Tout cela en ouvrant la voie vers une relation améliorée avec la terre et tous ses peuples, y compris « les peuples d'écorce et de bois, les peuples des forêts, les peuples de l'eau » dont il est question dans le long poème de Virginia Pésémapéo Bordeleau dont vous allez lire un extrait.

J'espère que ces textes que je vous présente connaîtront une nouvelle vie grâce à la belle traduction en anglais faite par Christelle Morelli visant à évoquer les mêmes images, les mêmes sonorités et les mêmes émotions afin de transmettre tout le pouvoir de l'original.

Depuis des temps immémoriaux, les cultures autochtones ont cherché l'équilibre dans toutes leurs relations et ont tenu pour sacré le mot au cœur du cercle de la vie. Mon plus grand espoir est qu'en prenant connaissance de ces autres langues de notre terre et des réalités qu'elles expriment, nous apprenions à tenir pour sacrée la création toute entière pour mieux la défendre ainsi que tous ses peuples.

SUSAN OURIOU

INTRODUCTION

Languages of Our Land/Langues de notre terre brings us the prose and poetry of twelve emerging and established Indigenous writers living in Quebec. These writers either participated in the Canada Council for the Arts–funded Aboriginal Emerging Writers (AEW) Program (now the Indigenous Writing Program) at The Banff Centre in the Canadian Rockies, or in the francophone program created subsequently in Quebec. The Banff Centre program brings in renowned Indigenous writers from across the country and abroad to mentor Indigenous emerging writers. This anthology features work that has come out of both that experience and the ensuing years during which the participants have been actively engaged in honing their art.

The languages in this anthology are many. The writers speak and write in French, but they come from various Indigenous language backgrounds. For writers from the Innu/Ilnu communities where the Indigenous language Innu-aimun is still spoken, writing in French provides access to a wider audience. For the Wendat and certain other nations, although French has become the predominant language spoken and written in their communities, a large movement is underway to revive their mother tongues.

Whether the poems and stories within this anthology appear in French or in the English translation, the spirit of the source languages is ever-present: in this case, Wendat, Innu-aimun, Cree, and Algonquin.

Jean Sioui was the francophone mentor for participants at the time of the bilingual program at The Banff Centre and is now the director of the Quebec program. As he states, "First Nations' authors are the new guardians of language; they create new rituals in the spirit of the ancients, they tell stories and deliver messages that go beyond the domain of literature since their holistic view of the world—in which the circle shape is paramount—takes into account the earth and all it holds.... Indigenous authors have an opportunity to write another, unofficial version of Canadian history."

Karen Olson, first director of Banff's AEW Program, agrees: "Although we write new stories, paint new paintings, create new sculptures, it is the blood memory of our ancestors that assists us in those creations."

The residency came into being in the fall of 2006 on the slopes of Banff's Buffalo Mountain. There can be few better places on earth to strengthen spirit than in this sacred site to which First Peoples have journeyed for spiritual replenishment since the earliest of times. In the majestic setting of the Rockies, the chosen Canada Council writers were given an opportunity to reunite with the land, the river, the forests, and the sky. Elders came to speak and pray in morning sweetgrass ceremonies and sharing circles. Participants were invited to visit neighbouring First Nations' schools. They set foot on the sacred ground of red ochre, took part in sweat lodges, pow-wows, round dances, and walked to the forest and river, all medicine for the soul.

Sandra Laronde, The Banff Centre's Indigenous Arts director, reminds us that Indigenous thinking is to "come from a place of spirit-centredness... not only just of human-centredness. And that thinking is no longer just cause and effect and linear anymore, but it is more weblike, more connected up... to all things, in nature, to one another, across continents, across generations, across races, genders...." The experience is not just an education in creative writing but an opportunity to reclaim Indigenous culture and spirit.

Susan Ouriou

This spirit is found not only in the beauty of the Rockies and the sensory experiences offered by the site but in the act of expression itself. As Karen Olson explains, "Central to oral tradition is the power of the word. Spoken, intoned, or sung in Cree, Innu, Anishnabe, Michif, Wendat, or Nuu-Chah-Nulth, each culture, in story, speech, and song, made the *word* sacred." Regardless of the fact that the writers in this anthology write in French, the writing is influenced by their Indigenous culture, which in turn is infused with the spirit of the original languages.

In their poetry and stories, the authors confront: the black marks of history (Maya Cousineau-Mollen's "Rage at a Mass Grave"); the legacy of colonization (Alain Connolly's "a world divided"); residential schools ("Who were you to empty my village of its children?" writes Réal Junior Leblanc); shattered families and communities (Jacinthe Connolly's "The Bougalous"); and rage turned inward and out (Mélina Vassiliou's "Identity Theft"). These texts show just how the circle was broken with First Peoples and with the land and its creatures.

At the same time, readers are called on to witness the First Peoples' incredible fortitude. "We are millenarian," writes Marie-Andrée Gill. Murielle Rock shows us the great hunter whose "presence was silence itself," and Carole Labarre brings to life the elder, Pishimuss. Many of the authors, in giving equal voice to the earth, described as "memory's gathering place" by Johanne Laframboise, and its creatures such as Manon Nolin's eagle speaking to the wolf, remind us the future will be written by and for all.

Both as editor of this long dreamed-of anthology and as the former French-English interpreter and translator for the bilingual Aboriginal Emerging Writers Program, I had the incredible privilege of witnessing first-hand the response to the question raised by mentor Jean Sioui: "By giving the French language—the white language—a transfusion of red blood, aren't we, thanks to the generosity of nations, regenerating that same language?" In these poems and stories, as they face the tragedies of the past, demand the righting of wrongs, and prompt change to create a better future, we see a reflection of transformation being wrought in the wider world.

Hence, the answer we receive from Jean and the eleven other gifted writers represented within this collection is a resounding yes: we all are beneficiaries of this transfusion—this regeneration—that enacts a reinterpretation of history and a rediscovery of spirit. In doing so, it opens the way to a better relationship with the earth and all its peoples including "the peoples of bark and wood, peoples of forests, peoples of water," mentioned in Virginia Pésémapéo Bordeleau's long poem excerpted here.

My hope is that these texts will be given new life through the fine English translations by Christelle Morelli, which seek to evoke the same images, sounds, and emotions to convey all the power of the originals.

From time immemorial, Indigenous cultures have sought to strike a balance in all their relations and have held the word sacred in the centre of the circle of life. My greatest hope is that in coming to know the other languages of our land and the realities they express, we will learn to recognize the sacredness of all creation and become better advocates for the earth and all its peoples.

SUSAN OURIOU

JEAN SIOUI est Wendat. Son clan est celui de l'Ours (Yänionnyen') de la Nation de la corde (Hatingënonniahahk). Il est né en 1948 à Wendake et il vit toujours dans cette petite réserve située près de Québec. Jean détient un baccalauréat de l'Université Laval en Études amérindiennes et Création littéraire. Son premier recueil *Le pas de l'Indien* a été publié en 1997, suivi de *Poèmes rouges, L'avenir voit rouge, Je suis île, Avant le gel des visages, Entre moi et l'arbre* et deux livres pour enfants *Hannenorak* et *Hannenorak et le vent*. Il est co-fondateur avec son fils de la maison d'édition Les éditions Hannenorak. Dès 2005, il a été mentor pour les participants francophones dans le Programme d'écrivains autochtones en début de carrière fondé par le Conseil des Arts du Canada, d'abord à Banff puis, depuis 2010, au Québec.

JEAN SIOUI is Wendat from the Bear Clan (Yänionnyen'), Nation of the Cord (Hatingënonniahahk). He was born in 1948 in Wendake and continues to live on this small reserve not far from Quebec City. Jean has a bachelor's degree from Laval University in Indigenous studies and creative writing. His first collection of poems *Le pas de l'Indien* was published in 1997, followed by *Poèmes rouges, L'avenir voit rouge, Je suis île, Avant le gel des visages, Entre moi et l'arbre,* and two children's books: *Hannenorak* and *Hannenorak et le vent.* Jean and his son co-founded the publishing house Les éditions Hannenorak. Since 2005, he has been a mentor for francophone participants in the Indigenous Writing Program founded by the Canada Council for the Arts, working first in Banff and, since 2010, in Quebec.

POUSSIÈRE DE NOTRE SANG

Certains disent que mon corps est troué de vent.
Ils disent que mon esprit flotte dans le ciel.
Moi, je dis que je suis suspendu à la nation de la corde.

Mon nom dit : Celui qui porte la lumière.
Je suis fils du Soleil levant.
Je suis tse8ei.
Je suis ours.
Testament sacré d'un peuple toujours vivant.
Des histoires débordent de ma chair
eau qui gonfle.
Des souvenirs errants éveillent mes nuits.
Les mots ne sont plus au même temps.
Des racines sucrées d'histoires sous la lune
errent sur le pays qui me tend la joue.
En ces temps de rêve   je marche
dans la force de mes vents.

Je tire ma vie
au sommet d'une montagne en agonie.
À genoux sur une bûche
je bâillonne tambour et crécelle
pour écouter les secrets de la forêt du vent et des rivières.
Un enfant sapin
pleure sur mon épaule.
Survivant d'un grand génocide
sa famille assassinée
par une tribu forestière
qui scie les troncs
coupe les têtes
arrache les pieds

Jean Sioui

sèche les cœurs
contre-plaque la vie.
Le soleil se couche en dent de scie
sur le dos de la rivière en bas.
Un couple de nuages
encore attachés à la dernière pluie
jette quelques taches d'ombre dans les regards de l'eau.
La misère lit la carte du pays
aux nouveaux sans abris
d'un territoire qui perd la voix.

    Je quitte.
Des épines sur les épaules
pour reprendre la route en copeaux
trouée par le temps
qui n'en prend plus soin.
Un camion de brins de scie m'espionne.
Celui même qui vide les greniers de ma forêt.
Je retourne en réserve.

chez nous le rêve répète ses phrases dans la nuit
et au matin le silence prend la forme des images du
    songe

c'est ce que les Anciens appelaient atteindre au rêve
    éveillé

À l'heure de la lune.
j'ai froissé ce matin sous l'œil de la brume
parmi les sons du sang de la terre
la vague d'un lac trémoussant
sous la caresse d'une pagaie
qui imite le geste nomade des gens d'hier

je songe aux jambes arquées
aux pieds tournés à l'intérieur
de l'homme qui a grandi en voyageant
les pieds repliés sous les talons
dans la pince de son canot

Dans l'œil du matin.
Je me suis éveillé devant un grand champ rouge.
Un arbre persiste dans son nombril
terre d'une Première Nation.
Un corbeau schizophrène le visite.
Des voix disent qu'il est Grand Aigle à tête blanche.
Il offre ses plumes à des Chefs imaginaires pour la purification de la terre.
L'oiseau raconte à l'arbre quand le chevreuil pissait sous ses branches
le cri du matin qui sortait les longues maisons des boucanes de la nuit.

Puis.
Derrière mes fesses le pouvoir m'a dit d'avancer vers la ville.
Un magasin à grande surface ouvre sa gueule
pour me cracher une vie artificielle en plein visage.
Coincé dans une grille
un arbre laid
grimace son ombre.
Aux pieds du bouffon plastifié
un enfant lâché seul s'énerve avec un ballon
comme un ourson qui joue avec sa première truite.
L'idiot du commerce tourne autour
insulte les vieux assis sur le banc de l'ennui.
Des gens de faïences courent d'une culotte à l'autre
s'identifient dans des salles d'essayage.

Apparaît une famille.
Ils marchent plus forts que les autres.
Plus gras dans leurs espadrilles.
On dirait qu'ils s'habituent au monde.
Hors réserve sans castors pour monnaie.
Le cœur dans une flaque de cola
catéchisme dans les yeux
ils pansent des plaies de pensionnats.
Forment un cercle nouveau.
Autour d'une machine à boule
jouent leur histoire.
Les géants   les nains et les bons et les méchants monstres
    les ukis
sont extirpés de la mythologie pour courir dans les villes.
Les mains veinées de maïs
je retourne dans mon clan.

À la tente de l'Aîné
engourdis dans une culture étrange
des guerriers vendent leur coiffe
aux marchands de petite bière.

Au Grand Conseil
pour ressusciter d'anciennes sagesses
des mains dénouent les contes
reliés entre deux couvertures
plus laides qu'une vieille écorce.
La véritable mémoire tenue secrète
dans un mal à l'œil
comme un vieux sentier perdu
dans un pays en deux couleurs
infecté de préjugés.
Histoire irréelle d'une langue perdue.

D'un avenir infidèle
qui longe des villes suintantes de sens à faire.
Mais   je ne sais pas me lamenter.
Libéré comme l'oiseau qu'on débague
je m'élance au vol des tonnerres.
Le ciel s'ouvre à la migration de mon être.

je suis Adario moqueur du roi
sauvage   pupille   brigand du droit naturel
mes mains tressent
mes mains dénouent des vérités à travers les âges

Les montagnes chancellent dans mon cœur.
Je vis dans le secret des pierres.
Sorcier dans l'âme
le cœur taché de peinture de guerre
je prie les trois sœurs.

À la chute du Grand-Serpent
le Grand Esprit met ses lèvres sur ma peau.
Un poème s'évade de mes désirs âgés
jette quelques vers dans mon canot.
Je crie dans la course des vents.
Les vagues nagent en cercle autour de mes mots
un huard consulte l'omble
c'est la parole des consciences   un voyage au cœur de
     l'indien.

des soupirs   des masques   des âmes
des Wendats s'évadent

Je défais une couture dans le ciel   éveille le corps céleste
dénoue le rouleau du pays   poussière de notre sang.

Dans les soupirs de l'Arbre de la Grande Paix
comme un long sentier de wampum
des pas d'Indiens aux pieds rouges
parlent de vérités sauvages.
Flotte encore dans le ciel la leçon des Ancêtres
pour la longue-maison de ma vie.

Mon père était trappeur
Il piégeait les petits bonheurs qui dansaient dans un rayon
    de lune

Mon père...
Un jour tu piégeais
Puis un autre on t'a piégé
Mon père...
Un jour tu chassais
Puis un autre on t'a chassé

Les traits qui le sillonnent se posent comme racines
dans la tranquillité d'un peuple souche.
Dans ces rides aux mille détours se dessine l'histoire que
    nous cherchons.

Le passé est un bois étrange
parfum des oublis dansés qui lentement parlent comme des
    signes.
Trappeur de nature
à la rencontre du moindre souffle
je goûte les racines de territoires géants.
Au nid de l'Oiseau-tonnerre j'accueille mon tour du monde.
Emporté par des courages fabuleux
le ciel dévoile ses chemins.
Je pénètre le sentier des guerriers.

Chaman sans tenant
j'erre dans mon corps
parle une langue morte à bout d'images.
Sur des sentiers de nuages
je rencontre la cime des arbres.
Par vents perdus
j'éveille la poussière des Ancêtres.
Le corps troué de vent
la mort dans l'arbre
j'avance.

Je voudrais que tu marches avec moi par-devant le froid.
D'étranges passions s'éveillent.
Rut de folie
dans des forêts d'édredon.
Les appels de gorge s'enflamment
dans des odeurs de baves
pour arroser le délire sauvage.
La débauche brûle
entre les pattes animales
pour tenir le rude au chaud.
Au son des convulsions sauvages
Manitou met le soleil sur la glace
pour calmer la chair.

Imagine avec moi nos quartiers gavés pour couvrir nos
    différences.

Dans un froid qui pénètre nos propres sangs
les larmes enneigent les pointes tachées de nos histoires.

viendra un temps où les nations
sur le marchepied d'un poème
feront chair du bonheur

quand les préjugés seront pendus sous la pluie
et que le vent soufflera « je t'aime »
dans les cœurs ouverts à l'assaut de bras étrangers

Il pleut des patiences sur les braises
d'un peuple qui se gorge de libertés.

Des mains rouges tendent la joue à des lèvres blanches.
L'amour n'a pas de différences.
Bientôt nous nous comprendrons.

Yo, j'ai dit

DUST OF OUR BLOOD

Some say my body is riddled with wind
and my spirit floats in the sky.
But I say it's from the nation of the cord that I dangle.

My name is He Who Carries Light.
I am born of the Rising Sun.
I am Tse8ei.
I am bear.
Sacred testament to a people still living.
Stories spilling forth from my flesh
water swelling.
Wandering memories wake my nights.
Words from another tense.
Roots sweetened by tales beneath the moon
roam over the country that extends its cheek to me.
In these dreamtimes   I walk
bolstered by my gales.

I haul my life
to a tree-stumped summit.
On my knees on a log
I muzzle rattle and drum
to hear the secrets of forest of wind of rivers.
A fir tree child
cries on my shoulder.
Survivor of a great genocide
its family murdered
by a forest tribe
sawing trunks
chopping heads
hacking feet off

sucking hearts dry
plywooding life shut.
The sun sets jagged
on the back of the river below.
Two clouds
still tied to the last rainfall
cast shadow stains on the water's sight.
Misfortune reads the country's map
to the newest homeless
from a territory losing its voice.

    I leave.
Needles on my shoulders
down the wood-chipped road
potholed by time
in an act of neglect.
A truck of sawdust spies on me
and empties my forest's lofts.
I return to the reserve.

back home the dream repeats its phrases overnight
by morning silence takes the shape of reflections
    from the dream

what the Ancients called the waking state of
    vision

    In the moon hour.
under the eye of morning mist I furrowed
to the churning of earth's blood
the wave of a lake quivering
under the caress of a paddle
in imitation of the motion made by nomads of the past

I recall the bowed legs
the feet turned inward
of he who became a man while travelling
feet tucked under heels
in the bow of his canoe.

   In the eye of the morning.
I woke up across from a great red field.
A tree still at its navel
First Nation's land.
A deranged raven visits.
Voices recount he is Great Bald Eagle.
Offering feathers to imaginary Chiefs to cleanse the earth.
The bird tells the tree of the time when deer peed beneath
   its branches
the morning cry that wrenched longhouses from smoke-
   filled nights.

   Then.
Behind me the power in place told me to advance toward
   the city.
A megastore opens its gaping maw
spits artificial life in my face.
Imprisoned in a grid
an ugly tree
grimaces a shadow.
At its laminated fool's feet
a child left alone pounces on a ball
like a bear cub toying with its first trout.
The idiot of commerce does the rounds
insulting old folks plunked on boredom's bench.
Porcelain people run from jeans to pants
recognize themselves in dressing rooms.

    A family appears.
Their tread heavier than the rest.
Crammed into running shoes.
As though learning the ways of the world.
Off reserve without any beaver currency.
Heart swimming in a puddle of Coke
catechism in their eyes
staunching the wounds of residential schools.
Forming a new sort of circle.
Around a pinball machine
their story unfolds.
Giants dwarves and monsters good and bad okis
torn from mythology to race through the towns.
My hands veined with corn
I return to my clan.

    In the Elder's tent
dazed by a strange culture
warriors sell their headdress
to merchants of cheap beer.

    In the Grand Council
to reawaken ancient wisdom
hands unravel tales
bound between two covers
uglier than old birchbark.
True memory kept secret
too harmful to be seen
like an old path lost
in a country of two colours
infected with prejudice.
Imaginary history of a language lost.

    Of an unreliable future
dogging towns oozing with sense to be made.
But   moaning is not for me.
Freed like a bird untagged
I throw myself into thunder's flight.
The sky opens to my migration.

I am Adario mocking the king
savage   ward   brigand   nature his only law
my hands braid
my hands unravel truths across the ages

Mountains totter in my heart.
I live in the secret of stones.
A shaman in my soul
my heart stained with warpaint
I pray to the three sisters.

At the Great Serpent's fall
the Great Spirit touches his lips to my skin.
A poem escapes my aging desires
throws a few verses into my canoe.
I shout out in the race of winds.
Waves swim circles around my cries
a loon consults the char
the voice of conscience   a voyage to the Indian heart.

Wendat sighs   masks   souls
escape

I rip out a seam in the sky   wake the celestial body
unfurl the country's scroll   dust of our blood.
In the sighs of the Tree of Great Peace
like a long trail of wampum

footprints of red-footed Indians
speak of savage truths.
The Ancestors' lesson still wafts through the sky
for the longhouse of my life.

My father was a trapper
snaring small pleasures dancing in moonbeams

My father...
One day you were the trapper
the next you were the trapped
My father...
One day you were the hunter
the next you were the hunted

The lines crisscrossing his face like roots come to rest
in the tranquility of a founding people.
The history we seek is found in those wrinkles of a
    thousand detours.

The past is a strange woodland
perfume of danced oblivion that slowly speaks like signs.
Trapper of nature
at the slightest breath of air
I taste the roots of giant territories.
Where the Thunderbird nests I welcome my tour of the
    world.
Swept along by fabulous stores of courage
the sky reveals its paths.
I enter the trail of warriors.

A shaman with no followers
I wander through my body
speak a dead language spent of images.
Along paths of clouds
I meet the tops of trees.
In lost winds
I awaken the Ancestors' dust.
My body riddled with wind
death in the tree
I go forth.

I would like to walk with you ahead of the cold.
Strange passions wake now.
The rut of madness
in forests of eiderdown.
Guttural cries catch fire
in the smell of slaver
celebrating savage delirium.
Debauchery burns
between animal limbs
bringing warmth to the rough.
To the sound of savage convulsions
Manitou puts the sun on ice
calming the flesh.

Imagine with me these districts full to bursting
    hiding our differences.

In a cold that penetrates our very bloods
tears drop snow on the black marks of our histories.

a time will come when nations
on the stepping stone of a poem
will make flesh of happiness

when prejudice will be strung up in the rain
and the wind will whisper I love you
in hearts open to the assault of strangers' arms

Patience rains on the burning embers
of a people gorging on liberties.

Red hands extend a cheek to white lips.
Love knows no difference.
Soon we will all be understood.

Yo, I have spoken

MÉLINA VASSILIOU, d'origine innue et grecque, est née en 1980 à Schefferville. Elle a publié son premier recueil, *Fou Floue Fléau,* en 2008 avec l'Institut culturel éducatif montagnais. Un monde brutal a tracé sa voie, son parcours sur terre l'ayant amenée par moments à une vie de drogues, d'alcool et de violence. Son esprit l'a guidée, la conduisant vers la force, et elle trouve de la beauté dans la création et son pouvoir. Elle est artiste multidisciplinaire et habite la communauté innue de Maliotenam. Depuis treize ans, elle se rend au Dakota du Sud pour participer à la danse du Soleil pendant laquelle, porteuse du calumet, elle demande de l'aide pour son peuple.

MÉLINA VASSILIOU was born in Schefferville of Innu and Greek descent in 1980. Her first book, *Fou Floue Fléau,* was published in 2008 with the Institut culturel éducatif montagnais. Her path stems from a violent world where her earth walk has at times taken her to a life of drugs, alcohol, and abuse. Her spirit has guided her to strength, and she has found beauty in the power of creation. She is a multidisciplinary artist who lives in the Innu community of Maliotenam. For the past thirteen years, she has taken part in the Sun Dance in South Dakota, where she, a pipe bearer, dances for her people.

IDENTITÉS FLOUÉES

Identité et authenticité
ont été flouées
dans des valeurs mal inculquées
et mal semées

générations
avides de fortes sensations
de révolte
de baises sans protection
de lendemains faciles
d'adieux sans effusion
de géniteurs sans nom
sans revendication

le rejeton s'en va
sans aucune fondation
une direction sans horizon

comment assumer sa construction ?

femmes sans instruction
productions de l'illusion facile
sex, drugs and rock'n'roll
punition
accumulation d'érections d'avortons

tout gratuit
sexe sans respect
fluide lubrifié
pénétration sans sensation
pour combler la frustration

et merde
à la répétition
sans réflexion

IDENTITY THEFT

Identity and authenticity
gone missing
in values ill instilled
and poorly sown

generations
thirsting for sensation
for rebellion
for sex without protection
for easy mornings after
for goodbyes without affection
for parents in neither name
or claim
their spawn sets out
lacking a foundation
or horizon to the direction chosen

how can a future be built?

women without education
products of facile illusion
sex, drugs, and rock'n'roll
castigation accumulation
of erections and stunted growth

all gratuitous
sex without respect
lubrication
penetration sans sensation
making frustration complete

well screw you
repetition
without reflection as a guide

Mélina Vassiliou

OISIVETÉ/VÉRITÉ

Oisiveté

naïveté non traitée
   des mal-aimés
    bourrés de préjugés

générations
   de déboussolés
comportements
   de jeunes adultes désaxés

nous aurons beau juger

cercle vicieux
cercle vicieux du sado-maso
   toujours à l'affût
   toujours en attente
   d'érection

nous aurons beau juger
ils resteront les mal-aimés

des assoiffés
des rassasiés
des intoxiqués
   de valeurs masquées
   de valeurs faussées

une autre génération
   de déboussolés

seule
la Vérité
qui est cruauté
pourrait les sauver.

AIMLESS YOUTH/ONLY TRUTH

Aimless youth

untreated naivety
    of the unloved
      crammed with prejudice

generations
    adrift
behaviour
    of young adults unhinged

judge all you want still

vicious circle
vicious sado-masochistic circle
    always watching
    always waiting
    for erections to come

judge all you want still
they'll remain unloved

thirsting for
full to bursting with
imbibing
    masked values
    warped values

another generation
    adrift

only
Truth
in all its cruelty
can save them.

Mélina Vassiliou

AFFIRMATIONS FRAGILES

1.

Affirmation de ses besoins
un pas de plus vers la gloire
autosatisfaction
un pas de plus vers l'indépendance
s'auto plaire s'auto-apprécier
se trouver séduisante
pour soi
avant tout

aujourd'hui
j'ai pris la journée
petits bonheurs accordés
solitude silence douche masturbation bon repas livre
me maquiller me fringuer me crémer

faire la vaisselle avec mon fils

c'était donc ça le bonheur
besoin de personne
c'est génial

en profiter

car tout peut basculer
à tout moment

se méfier
des vibrations toxiques

2.

me donner le droit
de me lancer des fleurs
alimenter mon ego

marcher la tête haute
charmer si bon me semble

ne jamais arrêter d'écrire
pour me rappeler
car j'ai tant persévéré
à m'autodétruire

substances consommées
mémoire dispersée

quand je me relis
surgissent mes folies
les folies de ma vie

tentations
corruptions
jours de rédemption
possibles guérisons

3.

croire à la fin de mes déboires
écrire un jour les *bloopers* de mélina la *marde*
danser *cracker* se prostituer *pusher raver* consommer
frauder trafiquer voler mendier se saouler se geler renier

car pendant un temps
« Vive la *marde* ! » a été mon slogan

FRAGILE AFFIRMATIONS

1.

Affirmation of your needs
one step closer to glory
self-gratification
one step closer to autonomy
self-care self-worth
to be seductive
for yourself
above all else

today
I took the day
small pleasures granted
solitude silence shower masturbation good food book
makeup nice clothes moisturize

do dishes with my son

so this is happiness
not needing anyone
so perfect

enjoy

for it all can change
from one second to the next

beware
of toxic vibrations

2.

permission granted
to flatter myself
feed my ego

walk head held high
charm if I want to

never stop writing
a reminder of
how hard I worked
at self-destructing
substances consumed
memories scrambled

rereading me now
my wild days resurface
the wild days of my life

temptations
corruptions
days of redemption
potential for healing

3.

believe in the end of my trials
one day write the shitload of mélina bloopers
dancing coking whoring pushing raving consuming
cheating trafficking stealing begging bingeing using
    reneging

for a while my only slogan
"Who gives a shit anyhow!"

LÂCHE PAS !

Peuple
    de plus en plus froid

peuple à réchauffer
âmes errantes
    en quête de réconfort

lâche pas !

chasse l'illusion
régénère union et fusion
attise les nations
organise des réunions

lâche pas !

moi aussi JE erre

comme une *fuckin'* zombie

j'attends
j'attends après quelque chose
qui ne viendra sûrement pas
mais j'attends comme une idiote

lâche pas !
cesse de régresser

redresse ta colonne
redeviens fier
saisis ta chance

fonce
groove
feel the vibe

régénère union et fusion
attise les nations

lâche pas !

DON'T GIVE UP!

a people
    growing cold and colder

a people in need of warmth
wandering souls
    seeking comfort

don't give up!

chase away illusion
revive union and fusion
fan the nations
reunite

don't give up!

I too wander

like a fuckin' zombie

waiting
waiting for something
that may well never come
I still wait like a fool

don't give up!
stop regressing

straighten your spine
recover your pride
try your luck

charge ahead
groove
feel the vibe

revive union and fusion
fan the nations

don't give up!

AU JOUR LE JOUR

Au jour   le jour
mon sentier se trace

chaque jour
une réponse à mes questions

la vie   son courant

débloque
déloge
bouscule
   tout sur son passage

la vie   son courant

bouffée
   que j'inhale
bouffée
   que j'apprécie

la vie   son courant

la santé
la simplicité
   du Créateur

les merveilles du jour

le regard pur de mon fils
et son sourire enjôleur

le regard pur de mon fils
et mon sourire enjôleur

au jour   le jour

DAY BY DAY

day   by day
my path opens further

each day
my questions answered

life   its flow

frees
releases
dislodges
   all along its course

life   its flow

breath
   I inhale
breath
   I welcome

life   its flow

health
simplicity
   the Creator's

the day's wonders

my son's pure gaze
his winning smile

my son's pure gaze
my winning smile

day   by day

Mélina Vassiliou

PROGÉNITURE/ÉCRITURE

Progéniture
Écriture

écriture
mon futur

amertume
cessera d'être coutume

écriture
mon futur
mes coutumes
perceront la brume

écriture
mon futur

percée
traversée
destinée

écriture
mon futur

pour surgir
pour construire
pour dire
pour me dire
pour nous dire

écriture
mon futur

à consommer
sans danger.

BIRTHING/WRITING

birthing
writing

writing
my future

bitterness
a custom dwindling

writing
my future
my customs
piercing the fog

writing
my future

piercing
traversing
destiny unfolding

writing
my future

to emerge
to build
to say
to say to me
to say to us

writing
my future

for consumption
no abuse involved.

Mélina Vassiliou

Née en 1966, **CAROLE LABARRE** est originaire de la communauté innue de Pessamit. Fruit d'un métissage entre la Côte-Nord et l'Abitibi, elle a grandi entre les rues sablonneuses de Pessamit et le béton de Baie-Comeau. Elle vit aujourd'hui à Sept-Îles et est conseillère en développement informatique pour l'Institut Tshakapesh. Son premier roman, *Pishimuss,* est le récit poétique d'une vieille femme dont le monologue s'illustre en un style d'écriture fragmentaire. Outre ce roman, elle travaille également à l'écriture d'un conte et d'un recueil de poésie.

CAROLE LABARRE came into this world in 1966 in the Innu community of Pessamit. Born of a union between the north shore of the Saint Lawrence River and Abitibi, she grew up along the sandy streets of Pessamit and the concrete of Baie Comeau. Currently, she lives in Sept-Îles and is a consultant in computer development for the Institut Tshakapesh. Her novel-in-progress, *Pishimuss,* is a poetic story that adopts a fragmented style for the monologue by the old woman who acts as narrator. Carole is also working on a traditional tale and a collection of poetry.

PISHIMUSS

Menutan... sous l'ondée, le soleil brille

Nous sommes en juillet, très tôt le matin, il fait chaud et humide. Sans aucun doute, le temps est à l'orage ! Je m'abandonne au moment, chavirée par les odeurs intimes que la Terre exhale. Parfums d'humus, de sapin, de sous-bois. Ce sont les odeurs primitives de mon peuple dont les origines se perdent dans la nuit des temps. Alors viendront les chuchotements, quasi inaudibles, qui présagent l'éclat prodigieux d'une énergie tapageuse, s'amplifiant jusqu'à l'éclatement du ciel. Cette tension dans l'atmosphère m'excite. Mes jointures deviennent plus souples que le cuir d'un jeune caribou, ma peau plus fraîche qu'un matin d'automne, mon cœur résonne plus fort que le tambour de mon père. Exaltée. Les éclairs, le tonnerre, l'orage me transforment en tempête.

Le couinement de ma chaise, rouli-roulant sur le prélart vert pomme de la cuisine, égrène les secondes de cette journée qui débute. Je me berce inlassablement depuis une heure dans ma vieille chaise rouge en faisant claquer mes nouvelles dents. Un sourire nouveau et des dents plus que blanches ! La grosse Sophie en est malade de jalousie ! Je revois la dentiste Fournier sortir mon dentier flambant neuf de sa boîte. Un joyau précieux dans un écrin de papier... Et moi, je ne pense qu'au castor. Ahhhh ! Enfin ! J'allais pouvoir mastiquer normalement sa viande et non pas la suçoter comme un bon *peppermint*.

Mon estomac s'énerve et émet quelques grognements d'anticipation. J'ai certainement un petit creux à remplir. Bonne raison de tester encore mes nouvelles dents et de calmer l'appétit de ce corps toujours affamé.

Un petit élan et je me lève. Le plancher craque un peu mais pas autant que mes vieux os. Mes mocassins glissent plus longtemps sur le plancher depuis que j'ai buté sur les racines dénudées d'un mélèze alors que je chassais le petit gibier l'automne passé. Je me suis affalée de tout mon long en gémissant. Une petite foulure à la cheville droite. Mais ce n'est rien comparé à la vieille Marie qui s'était cassé la hanche en tombant sur la glace noire par une nuit d'hiver. Pauvre Marie qui tentait d'échapper à son homme que l'ivresse avait rendu violent.

On m'appelle Ernestine. Mais mon vrai prénom est Pishimuss, Petit Soleil. Voilà le nom que m'a donné mon père bien-aimé à ma naissance. C'est sur les berges sablonneuses d'Upessamiu shipu que ma mère, dans une dernière poussée créatrice, mémorandum d'une nuit d'amour, m'a donné naissance. Alors qu'au loin on entend les croassements solitaires d'un corbeau, le babillage des mésanges et que tout près clapote l'éternelle vague de la rivière, je redeviens moi-même et pousse mon cri d'enfant nouveau-né à l'instant où le soleil quitte son aurore. Ainsi suis-je née, moi, Pishimuss, sixième enfant de mes parents et sœur unique de mes cinq frères.

J'ai vu le jour sur un lit de doux sapinage que Maman a préparé pour ma venue. Elle m'a dit, beaucoup plus tard, qu'elle avait cassé les branches du plus tendre vert et qu'elle avait pris, malgré nos douloureuses contractions, grand soin de les disposer de façon à ce qu'elles soient les plus soyeuses possible.

C'est ainsi que je retiendrai combien infini était son amour pour moi, sa seule fille.

— C'est ainsi que doit naître tout enfant; par un premier contact avec la Terre. La Mère de toutes les mères, me répéta-t-elle toute sa vie durant en murmurant.

Neka, Neka, mon cœur s'illumine devant tant d'amour.

PISHIMUSS

Menutan... Even through the rainshower, the sun shines

It's hot and humid already early on this July morning. I feel a storm brewing! I lose myself in the moment, give myself over to Earth's intimate perfumes. The smell of humus, fir trees, undergrowth. Original scents linked to my people and its beginnings, lost in the mists of time. Next is an almost inaudible whispering, building up to the violent flash of energy to come, till the skies burst open. The tension in the air excites me. My joints become more supple than a young caribou's hide, my skin cooler than a fall morning, my heart pounding louder than my father's drum. The thrill of it all. With the lightning, the thunder, the storm, there's no containing me.

My rocking chair creaks back and forth on the apple-green linoleum in the kitchen, counting down the seconds to sunrise. I've been rocking non-stop for an hour in my old red chair, snapping my new teeth. A new smile and teeth that are whiter than white. Fat Sophie's sick with envy! In my mind's eye, I can see again Fournier the dentist pulling my brand new dentures out of their box. A precious jewel in a paper case... My thoughts turn to beaver. Ahhh! Finally! I'll be able to eat beaver's meat like a regular person, not just suck on it like a peppermint!

My stomach's impatient already, rumbling in anticipation. I've got a real hankering for something to eat. All the more reason to try out my new teeth one more time and take the edge off my appetite and my body's constant hunger.

With a little push, I get to my feet. The floor creaks some but not nearly as much as my old bones. My moccasins drag across the floor more now ever since I tripped over a larch tree's exposed roots hunting small game last fall. Fell flat

Carole Labarre

on my face, moaning. A small sprain to my left ankle. But that's nothing compared to old Marie who broke her hip falling on black ice one winter night. Poor Marie trying to get away from her man when the bottle turned him mean.

They call me Ernestine. But my real name's Pishimuss, Little Sun. That's the name my dearly loved father gave me when I was born. It was on the sandy banks of Upessamiu Shipu that my mother, in a final creative push, a memo from a night's lovemaking, gave birth to me. To the distant solitary cawing of a raven, the chattering of chickadees, and the lapping of the river's unending wave nearby, I returned to myself and sounded my newborn cry just as the sun broke free from the dawn. And so I, Pishimuss, was born, my parents' sixth child and only sister to five brothers.

I was born on a bed of soft boughs that my mother laid out for my arrival. Much later she told me she broke off the tenderest green branches and, ignoring our labour pains, took great care to make the bed as soft as could be.

That is how I remember the infinite nature of her love for me, her only daughter. "This is how every child should be born, with Mother Earth their first contact. Mother to us all," she said softly and often over the course of her lifetime.

Neka, Neka, my heart lights up before so much love.

RÉAL JUNIOR LEBLANC est Innu du village de Uashat mak Mani-Utenam sur la rive nord du Saint-Laurent. Il est père de trois enfants. À travers ses écrits, ses dessins et ses films couronnés de prix pour Wakiponi mobile, son désir est de montrer au monde la beauté de sa culture ainsi que sa dure réalité, tout en léguant un peu d'espoir aux jeunes. Ses poèmes sont parus dans l'anthologie *Mots de neige, de sable et d'océan,* sa poésie remportant un prix en 2010. Il sert de mentor aux jeunes écrivains autochtones et de porte-parole pour les jeunes amérindiens. Son film *Nanameshkueu* a remporté un prix lors du festival Planet in Focus à Toronto en 2011 et au festival Présence autochtone à Montréal. *La chevelure de la vie* a remporté le prix de la meilleure animation en 2012 lors du festival du film Arlington aux États-Unis et deux de ses films, *Blocus 138* et *L'enfance déracinée* ont remporté le prix du grand public deux années de suite lors du festival de film imagineNATIVE de Toronto.

RÉAL JUNIOR LEBLANC is Innu from the village of Uashat mak Mani-Utenam on the north shore of the Saint Lawrence River and the father of three children. Through his writing, drawing, and award-winning filmmaking for Wapikoni Mobile, his desire is to show the world the beauty of his culture, but also its harsh reality, and to leave a legacy of hope and dreams for its youth. His poems have appeared in the anthology *Mots de neige, de sable et d'océan* and his poetry won an award in 2010. He has served as a mentor for young Indigenous writers and as a spokesperson for Indigenous youth. His film *Nanameshkueu* won an award at Toronto's 2011 Planet in Focus festival and Montreal's Présence autochtone. His film *La chevelure de la vie* won the 2012 award for Best Animation at the Arlington Film Festival in the U.S. and two of his films, *Blocus 138* and *L'enfance déracinée,* have won the audience favourite award two years running at Toronto's imagineNATIVE film festival.

BLOCUS 138 — LA RÉSISTANCE INNUE

J'entends encore sans cesse
les cris de rage
et les pleurs de désespoir
des miens

J'ai vu des femmes
défendre leur mère terre
avec des chants de paix

J'ai vu mon peuple
se faire refouler
sur ses propres terres
par des étrangers casqués

J'ai vu des aînés
verser des larmes
de fierté oubliée

Comment défendre
notre héritage
et l'avenir de nos enfants
contre ces géants de l'argent ?

Je pleure
pour toutes les rivières
qu'ils détourneront
pour toutes les forêts
qu'ils saccageront
pour toutes les terres
qu'ils inonderont

pour toutes ces montagnes
qui disparaîtront

Je leur dirai
du plus profond de mon âme
toujours non

ROADBLOCK 138 – INNU RESISTANCE

I hear still
the cries of rage
and tears of despair
of my people

I have seen women
defend Mother Earth
with songs of peace

I have seen my people
driven back
on our own land
by helmeted strangers

I have seen my elders
shedding tears
of forgotten pride

How can we
defend our heritage
and our children's future
against the moneyed giants?

I weep
for all the rivers
they will divert
for all the forests
they will plunder
for all the lands
they will flood

for all the mountains
they will raze

To them, I will say always
from the depths of my soul
No

GRÈVE DE LA FAIM
Pour Jeannette Pilot

Grandes femmes aux cœurs nordiques
Vous combattez pour notre peuple
Avec un acharnement rarement vu

Le peuple observe maintenant
Vous donneriez votre vie, votre avenir
Comme une mère se sacrifierait pour ses enfants
Je sais que c'est un combat dont on ne voit pas l'issue
Je t'admire... pour la persévérance que tu projettes

Mais en tant qu'un de tes enfants du peuple
Ton histoire n'est pas encore écrite... crois moi
Je veux que tu vives !
Et que tu parcoures le monde entier
Pour leur raconter ce qu'ils nous font. Chez nous !

Car le peuple observe maintenant...

Tu sais que je respecterai toujours ta décision
C'est seulement mon cœur qui donne son opinion
Je sais que tu as faim, que tu as soif
Notre peuple a déjà perdu beaucoup trop de guerriers
Nous avons devant nous... encore
Des milliers de combats et j'aurai besoin de toi
Car je veux que tu sois mon amie en vie
Ne m'abandonne pas... si proche de tous ces combats

Je t'aime nuitsheuan... Akua tutadish... !!

HUNGER STRIKE
For Jeannette Pilot

Great women of Northern hearts
You fight for our people
With uncommon ferocity

The people are watching now
You would give your life, your future
Just as a mother sacrifices for her child
I know there's no end in sight to the battle
I admire you for your perseverance

But speaking as a child of your people
Your story is not yet written... believe me
I want you to live!
To travel the world
Recount what they're doing to us. On our land!

The people are watching now...

You know I will always respect your decision
This is my heart having its say
I know the hunger and thirst you feel
But our people have already lost too many warriors
We have ahead of us... still
Thousands of battles to wage and I need you
I want you my friend among the living
Don't abandon me... with all the struggles to come

I love you nuitsheuan... Akua tutadish...!

L'ENFANCE DÉRACINÉE

Pourquoi avez-vous arraché les miens aux bras de leurs
    parents ?
Qui étiez-vous pour vider mon village de ses enfants ?
Je suis le descendant de ces enfants déracinés

Ils n'ont ménagé aucun effort pour changer notre identité
engloutir nos traditions
effacer notre histoire
détruire notre culture

Une école aux cris de douleur
aux murs pleurant la souffrance de mes sœurs
au plancher qui goûtait le sang de mes frères
ces dortoirs aux rêves noirs
des porte-parole du ciel profanant la chair

Je vivais sans m'en douter
dans des lieux habités par une mémoire noire
toutes ces histoires que j'ignorais
plus je déterre l'histoire de mon peuple
plus ses douleurs m'accablent

Les blessures du passé ne sont pas
encore complètement refermées
mais l'espoir de mon peuple s'est ravivé

Même si l'ombre des pensionnats
plane encore sur nos communautés
je sais que la jeunesse y trouvera
le moyen de s'en libérer

UPROOTED CHILDHOOD

Why did you snatch my people from their parents' arms?
Who were you to empty my village of its children?
I am the descendant of those uprooted children

No effort was spared to change our identity
devour our traditions
erase our history
destroy our culture

A school ringing with shrieks of pain
walls lamenting the suffering of my sisters
floors imbibing my brothers' blood
dormitories of dark dreams
spokespeople for heaven defiling the flesh

I lived oblivious
in places haunted by a dark memory
all the stories I knew nothing of
the more I unearth my people's history
the more its pain bears down on me

The wounds of the past
have not yet healed
but my people's hope has been rekindled

Though the shadow of residential schools
hovers still over our communities
I know today's youth will find there
a way to free themselves

Réal Junior Leblanc

J'AI TOUJOURS VÉCU ICI

J'ai toujours vécu ici
bien avant que ces hommes
débarquent et chambardent nos vies
éblouis par la richesse
j'ai accueilli à bras ouverts
les hommes venus de la mer
nous avons échangé
forces et connaissances
et signé des traités

J'ai toujours vécu ici
mais tranquillement les visiteurs
ont dominé mon cœur et ma terre
beaucoup de pluie est tombée
mon courage éprouvé
dans des cages prédestinées
j'ai été divisé et dispersé
le Système ne m'a laissé
aucune chance

J'ai toujours vécu ici
je sais qu'après chaque tempête
le soleil éclaire la terre de mes frères
aujourd'hui, les vents ont diminué
il est temps de guérir
de panser les branches cassées
régler des compromis
comprendre les erreurs
qui ont changé nos vies

Assoyons-nous pour discuter
construire ensemble un meilleur avenir
redonner la beauté à un peuple fatigué
rompre un cercle malveillant
pour que tout puisse finir
unissons-nous dans l'honnêteté
pour ne faire qu'une nation
et tourner à jamais
une page sombre de notre histoire

J'ai toujours vécu ici
je sais que les arbres repousseront
que les nuages se dissiperont
pour laisser les rayons de soleil
éclore dans nos cœurs
regardons ensemble le chemin
qui s'étend à l'horizon
un peuple retrouvant
racines et traditions

I HAVE ALWAYS LIVED HERE

I have always lived here
long before those men
landed and overturned our lives
dazzled by our riches
I welcomed open-armed
men come from the sea
we exchanged
strength and knowledge
signed treaties

I have always lived here
but slowly the visitors
took control of my heart and my land
much rain has fallen
my courage tested
in preordained cages
I was divided and disbanded
the System left me
no chance

I have always lived here
I know that after every storm
the sun shines down on my brothers' land
today the winds have subsided
it is time to heal
to mend broken branches
agree on compromise
understand the errors
that changed our lives

Let us sit and talk
build together a better future
bring beauty back to a tired people
break a malevolent circle
so that all may end
let us unite in honesty
to become but one nation
and for ever turn
a dark page in our history

I have always lived here
I know the trees will grow again
the clouds will disperse
and allow the sun's rays
to dawn in our hearts
let us together look down the path
that stretches to the horizon
a people rediscovering
roots and traditions

MARIE-ANDRÉE GILL fait partie de la génération montante de poètes autochtones. Ilnue, elle est née à Mashteuiatsh, au Québec. Elle prépare un baccalauréat en études littéraires françaises. Son premier recueil de poésie, *Béante,* a remporté le prix poésie du salon du livre du Saguenay et figurait parmi les finalistes pour le prix du Gouverneur général en 2013. Actuellement, elle écrit un nouveau recueil intitulé *Motel TV couleur* avec Max Antoine Guérin.

MARIE-ANDRÉE GILL belongs to the up-and-coming generation of Indigenous poets. She is Ilnu and was born in Mashteuiatsh, Quebec. She is currently working on her bachelor's degree in French literature. Her first collection of poetry, *Béante,* was awarded the Saguenay Book Fair poetry prize and was short-listed for the Governor General's Literary Award for Poetry in 2013. She is writing a new collection entitled *Motel TV couleur* with Max-Antoine Guérin.

ILNU

il m'a dit :
les temps sont superposés

« Les orignaux mangent la viande des arbres. »
(Aleksi Gill)

vient le jour des affrontements

tout était prêt le cœur les cicatrices

bien en place jusqu'à ce que

tu sais la suite

A. ce qu'il nous reste sous perfusion

dans la mémoire des hommes :

1. le chant des tambours
2. les temps superposés
3. les rivières électriques

B. ce que nous sommes

    dans la concrétude des jours :

    1. l'esprit sublimé

    2. les livres d'histoire

    3. vivants, là, pou-poum.

                Nous sommes exotisme

                Nous sommes millénaires

calfeutrage

des rivières

projectile

au ralenti

les territoires

se décomposent

sous mes ongles

                (s'ouvrir

                 la tête

              ne plus sentir

                le ciel

              se décolorer

            sur nos épaules)

les temps changent
disent-ils

je chuchote pour ne pas chasser le rêve
juste là
s'exauçant sur les fantômes

tu verras
nous ne mourrons plus dépolarisés

je ne t'ai rien dit sur Uashat la prémonition
les algues   les oiseaux gris sur Cacouna
la berceuse et son rire Montréal

les cimetières de Mashteuiatsh

et les tipis de béton je ne t'ai rien dit

dans nos murmures à coucher dehors

je sais je suis encore

une petite adolescence

emballée sous vide

à toucher mes cheveux

pour être belle je sais aussi

les formules qu'on égare

tout doucement

sur les présentoirs et les allées

à tourner en rond

attachés au pieu du réel

machinalement mille

raisons d'halluciner

ces siècles qui te passent entre les mains

à façonner l'ennui

c'était

en septembre mais ailleurs je pense

c'était

la fin de la nuit où ça sent les murs et d'autres toi

ma peau trop petite pour m'y cacher

alors j'avançais vraiment croche

un seul regard pour lumière

je m'élançais

incalculable

pourchasser l'invisible

dans l'agonie des certitudes

fendre des bûches à même le crâne

absence noyée par intervalle

espace-temps craquelé

j'ai senti

un courant d'air

entre ta huitième

et ta neuvième vie

ILNU

He told me:
time is superimposed

"Moose eat the meat of trees."
(Aleksi Gill)

the day for confrontation was upon us

all was ready the heart the scars

in place until

you know what happened next

A. what stays with us intravenously

in human memory:

1. the drums' chant
2. time superimposed
3. electric rivers

Marie-Andrée Gill

B. what we are

    in the concreteness of days:

    1. sublimated spirit

    2. history books

    3. alive, here, pa-pum

                We are exoticism

                We are millenarian

thwarting

of rivers

slow motion

projectile

the territories

decompose

under my fingernails

                    (head

                cracked open

              no longer feeling

                  the sky

              lose its colour

             on our shoulders)

times are changing

they say

I whisper so as not to drive away the dream

right here

acting out on ghosts

you'll see

we will die depolarized no more

I have told you nothing of Uashat the premonition

the seaweed   the grey birds on Cacouna

the cradle song and her laughter Montreal

the cemeteries of Mashteuiatsh

and the concrete teepees I have told you nothing

in our farfetched murmurings

I know I am still

a young adolescence

shrink-wrapped

patting my hair

to look good I know too

the ways lost

ever so slowly

in display cases and aisles

turning circles

tied to the stake of what's real

subconsciously a thousand

reasons to hallucinate

the centuries that slip through your hands

fashioning boredom

it was

September but elsewhere I think

it was

the close of night the smell of walls and other you's

my skin too small to hide in

so I made my very crooked way

my eyes my only light

I darted forward

incalculable

pursuing the invisible

in the death throes of certainties

splitting logs with just the skull

absence flooded at intervals

space-time cracked

I felt

a draught

between your eighth

and ninth life

Né en 1979, fils d'un chasseur nomade, **ALAIN CONNOLLY** est Ilnu, originaire de Mashteuiatsh. Écrivain et cinéaste de la nouvelle génération, un de ses écrits est paru dans le recueil collectif épistolaire *Aimititau ! Parlons-nous !* publié par la maison d'édition Mémoire d'encrier et dont des lectures publiques ont été faites à Mashteuiatsh et à Québec. Ses écrits se retrouvent dans le catalogue du Musée amérindien *L'Esprit des Pekuakamiulnu u mamihtunelitamun* et dans la revue *Exit* de Gaz Moutarde. Avec Sonia Robertson et Mendy Bossum, il a coréalisé un court métrage *Unishinutsh (La voie des autres)* qui a remporté le prix Future vedette au Festival Présence autochtone de Montréal. Il a également écrit et réalisé le documentaire *N'Teishkan*.

ALAIN CONNOLLY is Ilnu from Mashteuiatsh. He was born in 1979, the son of a nomadic hunter. A writer and filmmaker of the new generation, one of his works appeared in the epistolary anthology *Aimititau! Parlons-nous!,* published by Mémoire d'encrier, from which he gave public readings in Mashteuiatsh and Quebec City. His writing also appears in the catalogue of the permanent exhibit Spirit of the Pekuakamiulnu u Mamihtunelitamun at the Musée Amérindien in Mashteuiatsh, and in the review *Exit,* published by Gaz Moutarde. Together with Sonia Robertson and Mendy Bossum, he co-directed a short film *Unishinutsh (La voie des autres)*, which won a Rising Star award at the Festival de Présence autochtone in Montreal. He also wrote and directed the documentary *N'Teishkan*.

L'ILLUMINATION

Le 19 septembre 2007, sur le stationnement situé derrière le Cégep de Jonquière, face au pavillon Joseph-Angers, à 11h00 du matin précisément, Vicky Cartier, une étudiante de 19 ans en Techniques de communication dans les médias, se rendait à un cours de philosophie tout en songeant à la ferveur religieuse qui l'habitait depuis plus de deux ans. Contrairement au courant social, cette étudiante ressentait le besoin d'avoir une spiritualité. La laïcisation de la vie moderne ? Très peu pour elle. « Le monde devient froid, se disait-elle, nous entrons dans les ténèbres éclairées uniquement par des néons... »

Elle s'immobilisa soudainement au milieu de la rue et son corps se souleva bizarrement, la tête et les bras rejetés vers l'arrière. Cette jeune femme menue eût pu passer inaperçue, sans la circulation continuelle des camions lourds allant et venant entre la rue de la Fabrique et le chantier au-delà du Pavillon Manicouagan, la tour dortoir. Deux camions se croisaient justement à la hauteur de Vicky. Les conducteurs appuyèrent sur les freins et vociférèrent longuement en énonçant tout le lexique chrétien. Ils étaient plus catholiques qu'un pape dans leur éloquence. Leurs paroles furent entendues et des curieux vinrent observer la scène. Vicky n'avait pas conscience du bouchon qu'elle provoquait ni de l'attroupement qui se créait autour d'elle.

L'étudiante en communication conservait sa posture incongrue comme si ses muscles se tendaient dans toutes les parties de son corps. Sa peau, d'ordinaire brune, blanchissait; elle semblait recouverte de bandelettes à la manière des momies. Ses cheveux blonds et lisses encadraient son visage livide et pendaient comme un voile austère sur ses frêles épaules étroites. Elle était vêtue d'un chandail noir à capuchon, de pantalons bruns et de chaussures noires. Aux yeux des témoins, elle avait l'air d'un sac, bien que, quarante ans en arrière, ces mêmes témoins auraient vu une jeune religieuse (Ah ! autres temps, autres mœurs). Pour tous les témoins de la scène, c'était une image biblique qui se présentait à leurs yeux. Un professeur en art parmi les badauds, un dénommé Steven Rénald, s'exclama : « Préraphaélite ! » les yeux remplis d'admiration. Car sa figure n'affichait aucune souffrance mais une indéniable paix, surtout que les rayons du soleil l'enjolivaient d'une aura de sainteté.

Elle ne percevait plus la réalité. Elle vivait retirée en dehors du temps et de l'espace, en un endroit où elle faisait l'expérience de l'illumination. Elle se trouvait dans un jardin d'arbres fruitiers et de bassins d'eaux claires colorées de turquoise, de rubis, de saphir, d'émeraude, d'ivoire, d'ambre… « Des dépôts de minéraux dans leur lit » se dit-elle pour expliquer le phénomène mais elle n'y croyait pas. Elle pressentait une autre réponse, de nature divine. C'est ce qu'elle observait au niveau du sol mais le ciel irradiait entièrement une pluie de lumière chaleureuse. C'était totalement vivifiant. Elle s'extasiait en recevant cette douche de bonheur sans pouvoir distinguer la source céleste. Il vint à son esprit ces paroles : « Celui qui croit en moi aura la vie éternelle. » Elle se sentit immortelle à cet instant. Fini le doute, l'appréhension, la peur, le dégoût, la presse incessante de la vie moderne, le désir, l'ambition, la possession, la haine, le mal… Elle ne ressentait plus aucun besoin. C'était parfait.

Après ce paisible constat absolu, elle sentit à regret le retour à la réalité. Durant cet état intermédiaire, elle se souvint de l'année passée où, en canoë-camping avec sa classe d'éducation physique, elle avait effectué l'ascension d'une montagne en solitaire, au clair de lune. Elle avait vécu une expérience similaire à ce moment-là, mais à un si faible degré qu'elle avait fini par l'oublier dans les aléas de la vie courante. Maintenant elle n'oublierait plus jamais.

Elle était l'objet de l'attention générale dans le stationnement. Les conducteurs des camions immobilisés, Jean Lévesque et Luc Leclerc, blasphémant l'instant d'avant, se consultaient du regard, interdits, tout comme la trentaine de personnes aux alentours. Toujours emplie de sa vision, Vicky reprit sa marche comme si de rien n'était. L'obnubilation la rendait gaga. Elle ne réalisait pas le contexte de son retour ici-bas. Elle ne voyait pas l'incompréhension sur tous les visages ni la suspicion qui s'ensuivait. « C'est une folle ! » fut la conclusion communément admise et tous s'effacèrent à son passage.

Vicky ne ressentait aucunement le besoin d'aller se présenter au cours de philosophie mais ses pas l'y menèrent comme un automate. Elle songea au professeur qu'elle allait y rencontrer : Pierre ***. Un jour, il avait demandé à la classe : « Y'a-t-il quelqu'un qui croit en Dieu, ici ? » Elle avait été la seule à lever la main. Pierre *** lui avait alors expliqué que ses sens ne pouvaient percevoir l'existence d'une divinité, donc que sa foi relevait d'une croyance irraisonnée puisque la logique ne pouvait rien vérifier. Il avait continué ensuite sur la valeur de l'esprit critique. Vicky en avait été confondue. « Maintenant, je sais, se dit-elle. Je sais que vous avez tort. Je suis comme Socrate; je sais que vous ne savez rien. » Elle s'engouffra dans l'ouverture des portes coulissantes, flottant sur un nuage.

Elle ne remit plus les pieds au cégep dans les jours qui suivirent et ne fréquenta plus personne. Elle resta cloîtrée dans sa chambre dans un délire euphorique. Elle dépérissait rapidement sans soupçonner la fin des fins qui s'approchait d'elle. C'était une question de jours. Le fait d'avoir été contentée spirituellement dans la vie la fit mourir sans transition, de sa subjectivité à l'état de mort clinique. Personne ne sut quelles furent ses dernières paroles. Le médecin légiste découvrit une tumeur maligne à l'autopsie. La famille dans le deuil ne put que se faire une raison. Il y avait plusieurs cas connus dans la parenté. Son propre père, médecin de famille de son état, ardent catholique, fit la lecture de la première Épître aux Corinthiens, chapitre treize, à l'enterrement. Les mots devaient l'aider à passer à travers cette épreuve que le ciel lui envoyait, sans doute pour confronter sa foi.

Quant au stationnement, une tâche d'huile en forme de croix s'était formée à l'endroit où un camion faisait face à Vicky. Avant qu'elle ne s'assèche, un voleur transportant un lecteur DVD, subtilisé au Carrefour Étudiant, posa le pied dessus, glissa, recouvra son équilibre mais échappa l'appareil. Perte totale. Le monde continua ensuite sa marche avec ses doutes, ses peines, sa douleur, son chaos, ses guerres, ses meurtres, etc.

At 11:00 a.m. sharp on September 19, 2007, in the parking lot behind Jonquière College across from the Joseph Angers pavilion, Vicky Cartier, a nineteen-year-old studying in media communication techniques, was on her way to her philosophy class and reflecting on her religious fervour of the last couple of years. Contrary to the general trend, she felt a need for spirituality. The secularization of modern society was not for her. "The world is turning cold," she thought. "We're entering a dark time lit only by neon signs..."

Suddenly she jerked to a stop in the middle of the traffic lane, her body at an oddly raised angle, head and arms thrown back. The slight young woman would have gone unnoticed had it not been for the continuous flow through the lot of heavy trucks making their way back and forth between Rue de la Fabrique and the construction site on the other side of the Manicouagan dormitory tower. Two trucks were about to pass each other level with the spot where Vicky stood. The drivers hit their brakes and loosed a long string of curses, borrowing liberally from the entire Christian lexicon, sounding more Catholic than the Pope in their eloquence. Hearing them, curious onlookers gathered around. Vicky was oblivious to the traffic jam she'd caused and the growing crowd around her.

The communications student maintained her bewildering pose, as though straining every muscle in her body. Her normally brown skin had blanched; she looked like a mummy wrapped in strips of fabric. Her straight blonde hair framed the pallour of her face and hung like an austere veil across her frail narrow shoulders. She wore a black hoodie, brown pants, and black shoes. To witnesses she looked like a street kid, although, forty years earlier, the same witnesses would have seen a young nun (different times, different customs!). For everyone present, the scene had a biblical texture. Among the onlookers, an art professor by the name of Steven Rénald exclaimed, "Positively pre-Raphaelite!" His eyes lit up with admiration at her expression, which was absent of suffering, but with an undeniable peace, especially the way the sun's rays granted her a saintly aura.

She was no longer aware of reality. She found herself in a place of refuge outside time and space experiencing illumination. She stood in a garden of fruit-bearing trees and clear pools of water in hues of turquoise, ruby, sapphire, emerald, ivory, and amber... "Mineral deposits in their beds," she told herself to explain the phenomenon, not that she believed it for a second. She sensed another answer that was divine in nature. What she saw at her feet was one thing, but the sky itself radiated a shower of warm light, invigorating in its beauty. She marvelled at the shower of delight, its celestial source unseen. Words came to mind: "He who believes in me shall have eternal life." At that moment, she felt immortal. No more doubt, apprehension, fear, disgust, incessant rush of modern life, desire, ambition, possession, hatred, pain... She no longer felt need of any kind. Perfection.

From that absolute awareness of peace, she returned to reality with a pang. During the intermediary state, a memory of canoe camping the year before with her phys ed class returned, of her climbing up a mountain alone by moonlight. That experience had been similar, but to such a lesser degree that it had eventually been forgotten in the ups and downs of everyday life. This experience she would never forget.

All attention was focused on her in the parking lot. The truck drivers, Jean Lévesque and Luc Leclerc, left off cursing to look, startled, at each other, as stunned as the score of onlookers. Still under the spell of her vision, Vicky started walking as though nothing had occurred. The wonder of it all had left her in an altered state. She was oblivious to the circumstances of her return to life here below and to the incomprehension, then suspicion, registering on the faces of those watching her. "She's crazy!" was the general consensus, and everyone got out of her way.

Vicky felt no need to go to her philosophy class, but her feet were on automatic pilot. She thought of the professor she was about to see, Pierre ***. One day he'd asked the class, "Does anyone here believe in God?" She was the only one to put up her hand. Pierre *** advised her that since her senses were incapable of perceiving the existence of a divinity, her faith stemmed from an irrational belief, one that could not be borne out by logic. He insisted on the importance of a critical mind. He had left Vicky feeling confused. "Now I know," she thought. "I know you were wrong. I'm like Socrates, I know that you know nothing." She swept through the sliding doors, floating on a cloud.

She didn't return to the college over the following days, and she saw no one. She stayed cloistered in her room in a state of euphoric delirium. She wasted away, never guessing that her hour was approaching. It was a matter of days. Attaining spiritual fulfillment during her lifetime meant dying without transition, first subjectively then clinically. No one knew what her last words were. During the autopsy, the coroner discovered a malignant tumour. All her grieving family could do was accept what had happened. There had been other cases among her relatives. Her own father, a family physician and ardent Catholic, read from the First

Epistle to the Corinthians, chapter thirteen, at her funeral. The words were meant to help him face the ordeal most likely sent by heaven to test his faith.

As for the parking lot, a film of oil in the shape of a cross appeared where one of the trucks had stood facing Vicky. Before it could dry, a thief carrying a DVD player stolen from the student centre stepped in it and slipped, only to regain his balance but drop the goods. A total write-off. Afterwards, the world continued to turn with its doubt, suffering, pain, chaos, wars, murders, and all the rest.

MUSH APU ETAIAT ATHUK

Un orignal n'est pas
un caribou
l'hiver, il siège
dans son ravage,
le caribou va et vient
sur son chemin.

Autour du Piekuakami,
le tremble frémit
sous la brise. Le sol est riche, le lac
poissonneux.
Dans le territoire,
une bise le laisse nu.

Mon père là-haut
se souvient d'un temps
où les roches n'étaient qu'ashini.

Les décennies et la mousse
se sont amoncelées.

Kashikat,
des pierres.

Un monde divisé
irréconciliable presque
dans mon innocence

Je le croyais un
et entier
me suis perdu
dans ses parties.

J'aimerais être
et l'orignal et le caribou
autant d'ici que d'ailleurs
être avec lui et parler d'ashini.

Être un et entier.

MUSH APU ETAIAT ATHUK

A moose is not
a caribou
in winter, it stays put
in its shelter,
while the caribou comes and goes
along its path.

Around Piekuakami,
aspen trembles
beneath the breeze. The soil is rich, the lake
teeming with fish.
A gust bares
the land.

My father up above
remembers a time
when rocks were just ashini.

Decades and moss
gathered.

Kashikat,
stones.

A world divided
in my innocence
near impossible to reconcile

I thought it one
and whole
lost myself
in its parts.

I would like to be
both moose and caribou
as much here as elsewhere
be with him and speak of ashini.

To be one and whole.

Wendat par alliance, **JOHANNE LAFRAMBOISE** habite la réserve Wendake à côté de Québec. Inspirée par les traditions et la philosophie amérindiennes, son œuvre marie avec succès les écritures traditionnelle et contemporaine. Titulaire d'une maîtrise en création littéraire de l'Université Laval, elle a publié le recueil de poésie *Des lendemains de lumière* (dont des extraits sont parus dans l'original et en anglais dans l'anthologie *TransLit Volume 9*) et trois livres pour enfants : *Le petit aigle et l'enfant, Ochinda, la tortue* et *Tsheteo et la boîte secrète.* Elle a aussi terminé l'écriture de son deuxième recueil *Émergence.*

Wendat by marriage, **JOHANNE LAFRAMBOISE** lives on the Wendake reserve adjacent to Quebec City. Inspired by Indigenous traditions and philosophy, her work successfully marries traditional and contemporary writing. She has her master's degree in creative writing from Laval University and has published a collection of poetry titled *Des lendemains de lumière* (excerpts of which appeared in the original and in translation in the anthology *TransLit, Volume 9*) as well as three children's books: *Le petit aigle et l'enfant, Ochinda, la tortue,* and *Tsheteo et la boîte secrète.* She has also completed a second collection, *Émergence.*

ÉMERGENCE

J'apprends à marcher
sur les traces
des anciens Peaux-Rouges

les pieds collés au sol
la tête
rêveuse radieuse

Je voudrais
remettre la Terre
sur son axe

avec un peu d'amour

Autrefois
j'étais l'ange gardien
des arbres

leurs branches secrètes
ont abrité mon enfance

j'arrive ici
sans rien quitter

Petite
vaste
devant les autres
j'écris des vers

Johanne Laframboise

je me mets au monde

Le bonheur
est une journée d'automne

des fleurs fanent
en silence

elles ont donné
leur âme

pour un peu de poésie

Je me rends là
où poussent les quenouilles
de l'espoir

Je laisse
les autres
à leurs chimères

Je romps
le pain des années
pour me trouver

Au-delà du silence
une strophe oubliée
me rappelle l'enfance

J'irai chercher la paix
là tout près
tout près
de mon âme

Je sais tout
de la candeur des arbres

j'entends
ce qu'ils cherchent à taire

j'ai appris très tôt
à tendre l'oreille

Qui peut posséder
la Terre
sinon les poètes

On ne peut tuer
la poésie

elle résiste à tout
pour nous

on se doit
d'être poète
en ce siècle

Mes mots

pureté
qui jaillit de nulle part

pour venir se poser
sur l'édredon chiffonné
de la page

La poésie m'enseigne
qu'il est digne
de simplement être

La voix
qui me parle
à travers le poème
a plusieurs noms

elle est le vent
l'aurore
la rosée

Je ne connais
que le silence
des arbres

le bruissement nocturne
de leurs feuilles

les arbres
portent le monde
en eux

Je ne sais aimer
que pour nourrir
la Terre

la Terre
réceptacle
de la mémoire

Le vent
m'interpelle
en mes silences

autant d'avancées
fécondes
sur le sentier sacré

Le vol d'une hirondelle
rappelle la simplicité
des choses

Trois aigles
en plein vol
m'apprennent
l'ordre des syllabes

Dans mon silence
les oiseaux interviennent

ils ne font aucun cas
de mes incertitudes

je les écoute

j'ébauche mon propre chant

je ne peux résister
à leur entraide

EMERGENCE

I learn to walk
in the footsteps
of the ancient Red Skins

my feet grounded
my head
radiant dreaming

I would like to
return Earth
to its axis

with a bit of love

In the past I was
the guardian angel
of trees

their secret branches
sheltered my childhood

I arrive here
leaving nothing behind

Small
vast
facing the others
I write lines of verse

Johanne Laframboise

bring myself into the world

Happiness
is an autumn day

flowers wilting
silently

giving
their soul

for a bit of poetry

I go to where
cattails of hope
grow

I leave
the others
to their illusions

I break
the bread of years
to find myself

Beyond the silence
a forgotten stanza
reminds me of my childhood

I will search for peace
here close by
so close
to my soul

I know everything
about the candour of trees

I hear
what they try to silence

I learned so young
to lend an ear

Who can own
the Earth

One cannot kill
poetry

it withstands all
for us

Johanne Laframboise

we owe it to ourselves
to be poets
in this century

My words

purity
that springs from nowhere

to settle
on the crumpled eiderdown
of the page

Poetry teaches me
that simply being
is enough

The voice
speaking to me
through the poem
has many names

it is the wind
the dawn
the dew

I know only
the silence
of trees

the nocturnal rustling
of their leaves

trees
carry the world
inside

The only love I know to give
serves to feed
the Earth

the Earth
memory's
gathering place

The wind
calls to me
in my silences

so many fertile
advances
along the sacred path

A swallow's flight
recalls the simplicity
of things

Johanne Laframboise

Three eagles
soaring
teach me the
order of syllables

Birds interrupt
my silence

ignore
my uncertainties

I listen to them

begin my own song

I cannot resist
their recourse

MANON NOLIN, Innu d'Ekuanitshit, est née en 1986. Elle s'adonne à la poésie et à la broderie perlée. Elle a joué le rôle de la fille de Sapatesh dans le film *Mesnak* réalisé par Yves Sioui Durand en 2012. Elle travaille actuellement sur son premier recueil de poésie. Elle a publié cinq poèmes dans le livre CD *Les bruits du monde* de la maison d'édition Mémoire d'encrier.

MANON NOLIN, Innu from Ekuanitshit, was born in 1986. A poet and beader, she played the part of Sapatesh's daughter in the film *Mesnak* directed by Yves Sioui Durand in 2011. She is currently working on her first poetry collection. Five of her poems were published in the book/CD *Les bruits du monde* published by Mémoire d'encrier.

ORIGINE ÉGARÉE

J'ai grandi dans un monde
Il n'était pas mien
Dans ce monde d'incompréhension
Ma vie a basculé tel un arbre déraciné
De sa culture maternelle

Aujourd'hui l'étranger bûche ta forêt
Il te dénude
Et tout ça pour construire
Une maison sans mouvance

Comme j'aimerais retourner à la source de la rivière
Où la terre laissait entrevoir sa beauté
Je suis coupable de ta souffrance
Je me suis éloignée de tes sentiers
Pour emprunter d'autres paysages

Je me suis détournée de mes origines
J'ai perdu mon cœur d'enfant
Je ne sais pas qui je suis
Suis-je Innu ?
Suis-je une autre ?
Je suis une déracinée

LOST ORIGIN

I grew up in a world
That was not mine
In that world of incomprehension
My life toppled like a tree
Uprooted from its mother culture

Today the stranger fells your forest
Strips you bare
All to build
A stationary home

How I'd love to return to the river's source
Where earth gives a glimpse of her beauty
I bear the guilt of your suffering
I strayed from your paths
Adopted other landscapes

I turned away from my origins
I lost my heart of a child
I don't know who I am
Am I Innu?
Am I other?
I am rootless

LA MER

Des jours sans te voir
Toi, source de mes vagues d'idées
Que soudain la vie paraît plus céleste
Dans chacun de mes regards lancés vers toi
Tu m'illumines de sérénité

En te regardant valser entre deux vagues
Je m'imagine danser entre deux murs
Ma rage se libère par la danse
Comme toi qui déferle ta rage sur les plages
Moi, j'explose en dansant le makusham
Au son du tambour humain

Tu es grandeur
Sans malice
Car dans ta candeur
Il y a une telle pureté
Que j'en oublie ma furie

Toi comme moi, nous avons toutes les deux
Un visage qui se cache
Dans une douce fureur
Qui éclate dans un ouragan
La tempête prend son temps à s'éclaircir

THE SEA

Days gone by with no sight of you
You, the source of my cresting thoughts
Life so much more celestial
Each time I glance your way
You bring the light of serenity

Watching you waltz between two waves
I imagine myself dancing between two walls
My rage freed by the dance
Just as you unloose your rage on the shores
I explode while dancing the makusham
To the sound of a human drum

You are grandeur
Free from malice
In your candour
Lies purity enough
To erase my anger

You, like me, hide
The features of your face
Behind a gentle fury
Unleashed in a hurricane
Then slowly dying down

Manon Nolin

LA TERRE DE MA LANGUE

Je parle une langue rouge
qui libère ses terres de son désespoir
affligée par les langues conquérantes
ces langues soi-disant meilleures
que mon langage maternel

Ma langue, langage de ma terre
hurle dans mes songes
pour ne pas périr
comme les langues mortes
de ces vieux sages

Racines de nos terres ancestrales
une parole, une langue
celle de mes ancêtres
portent ma terre promise

Celle de mon berceau
qui devient ma terre
et ainsi le territoire de ma langue
demeure l'innu-aimun de ma vie

THE LAND OF MY LANGUAGE

I speak a red tongue
that frees its lands of despair
afflicted by conquering
so-called better languages
than my mother tongue

My language, language of my land
howls in my dreams
to keep from perishing
like the dead languages
of the old wise ones

Roots of our ancestral lands
a word, a language
that of my ancestors
bear my promised land

The language of my cradle
becomes my land
and so the territory of my tongue
remains my life's Innu-aimun

L'AIGLE QUI PARLE À LA LOUVE

Je survole du haut des airs
ce territoire blessé
par des mains profanes
agitant leurs bétons
des buildings s'élèvent

Moi je contemple
avec tristesse
ma terre dénaturée
de sa verdure d'antan
je pleure de la voir ainsi

Malgré ma peine
je rêve encore
d'un monde meilleur
où l'avenir sera porteur d'espoir
d'air pur, de rivières sans barrages
de plaines majestueuses sans gratte-ciel
qui défigurent ma douce planète

Et toi mon amie la louve
raconte-moi ta vision
de ce territoire brisé
mais qui reste beau
malgré la laideur qui nous entoure
montre-moi la réalité de la terre
à travers tes yeux…

THE EAGLE TO THE WOLF

From up on high I survey
this land wounded
by unenlightened hands
brandishing their concrete
while buildings rise

I contemplate
with sadness
my denatured land
its green forests gone
I weep to see it so

Even in my grief
I still dream
of a better world
and a future offering the hope
of clean air, rivers free of dams,
magnificent plains with no skyscrapers
disfiguring my gentle planet

And you my friend the wolf
Tell me your vision
for this territory
broken but still grand
despite the ugliness around
show me the reality of earth
through your eyes ...

JACINTHE CONNOLLY, Ilnue de Mashteuiatsh, est née en 1958. Comme sa mère, elle est devenue artisane et couturière. Comme son père, un sculpteur sur bois autodidacte, elle a également développé un esprit visionnaire. Depuis la fin de ses études, elle a écrit de nombreux contes, discours et poèmes ainsi qu'un livre pour enfants, *L'été de Takwakin/ Takwakin Journey,* en 2002 et la pièce de théâtre *Les Bougalous,* mise sur scène par Ondinnok, la première compagnie de théâtre amérindienne du Québec, à Montréal en 2013. Elle joue un rôle actif au sein de sa communauté en renforçant les nations autochtones, en accompagnant les survivants des pensionnats indiens lors du processus de vérité et de réconciliation et en préparant le terrain pour les générations futures.

JACINTHE CONNOLLY is Ilnu from Mashteuiatsh, born in 1958. Like her mother, she has become an artisan and seamstress. Like her father, a self-taught wood sculptor, she has also developed a visionary spirit. Since completing her studies, she has written a number of tales, speeches, and poems, as well as a children's book, *L'été de Takwakin/Takwakin Journey,* in 2002 and the play *Les Bougalous,* which was performed by Ondinnok, Quebec's first Indigenous theatre troupe, in Montreal in 2013. She is active in her community, working to rebuild Indigenous nations, accompanying survivors of the Indian residential schools on their journey through the truth and reconciliation process, and helping to pave the way for future generations.

LES BOUGALOUS

En entrant dans le Shaputuan vêtu d'une chemise de cérémonie à rubans et portant son sac spirituel et son tambour, Mushum Thomas manque de tomber.

— Oups !... Tabarnouche !...

Il dépose le sac et le tambour sur le sapinage, fait craquer une allumette.

— Des fois, y faut s'aider un peu pour trouver la lumière !

Il sort de son sac un tissu rouge qu'il dépose au centre et sur lequel il dispose ses objets sacrés. Il allume sa sauge et, à voix basse, adresse une prière dans chacune des quatre directions. Il en est à la quatrième direction quand Joyce, vêtue d'une mini-jupe moulante et d'un top laissant voir une épaule découverte, arrive. Perchée sur ses talons hauts elle avance difficilement dans le sapinage.

— Est-ce que je peux entrer ?

— Kuei kuei Joyce. Viens. Y'a longtemps que j't'attendais, voisine. Joyce s'apprête à enjamber les objets sacrés. Non, non ! Il lui indique de faire le tour. Elle s'assoit à ses côtés. Il tente de l'embrasser sur les joues mais elle le repousse.

Visiblement mal à l'aise dans cet environnement, Joyce tente de justifier son écart.

— Je ne veux pas vous déranger...

— Tu ressembles à mon frère, ton père. Y'avait donc peur de nous déranger.

Le ton choqué, Joyce répond.

— Peut-être pas vous autres, mais nous, les enfants à la maison, c'était pas drôle de se faire réveiller en pleine nuit par les partys de nos parents...

— J'm'en souviens... ça devait être tannant pour vous les enfants...

— J'en ai assez vu du monde en état d'ébriété, assez avancé merci !

— T'étais toi-même une enfant.

— À qui le dites-vous... J'ai été la mère de mes petits frères et de mes petites sœurs.

— Ce n'était pas à toi à jouer à la mère. À cette époque, tes parents étaient atteints d'une maladie incurable.

— Maladie incurable ?

— L'alcoolisme. Comme moi-même. Mais ça se soigne aussi.

Joyce n'a pas l'air convaincu.

— Eh oui ! Mais l'alcoolisme est une maladie des émotions. Pour la soigner, il suffit de les exprimer plutôt que de les geler avec l'alcool, ou avec la drogue comme certains le font aujourd'hui. J'aurais bien voulu que ton père et ta mère se soignent aussi.

— Peut-être qu'ils n'auraient pas eu leur accident d'auto.

Mushum devient pensif.

— Quand on était enfants, ton père défendait déjà les plus faibles. Il n'avait pas peur de rouspéter quand il voyait une injustice. Y'était un bon chef quand il était en politique. Tout l'monde pouvait le déranger à toute heure.

— Il était souvent sur le party.

— Pas toujours. Malgré la bouteille, y'était vraiment un bon chef. Savais-tu qu'y s'est même rendu à Ottawa pour défendre nos causes ? Dans c'temps-là, au début des années 70, c't'ait touttt un exploit que de se rendre jusque-là. Ouais ! C'est au début de ces années-là aussi qu'il avait gagné un gros lot avec la Mini-Loto. 5 000 $, dans c'temps-là c't'ait gros, les partys duraient longtemps !

— Ça ! ça pas changé : quand t'as d'l'argent t'as ben des amis...

— Ouais ! j'me doute combien ça devait être tannant pour vous les enfants. Mais j'me souviens aussi combien l'église était pleine à craquer le jour des funérailles.

Joyce baisse la tête.

— Pas moi... j'avais seulement 8 ans...

Mushum se lève et se penche pour lui donner un baiser sur le front. À ce moment-là, Clara arrive comme un coup de vent tenant sa jupe longue sous le bras et qu'elle enfile par-dessus son jeans.

— Kuei kassinu ! Elle embrasse Mushum sur les deux joues. Kuei Ti-Mushum... Heil, j'pourrai pas rester ben longtemps. Elle se purifie d'un geste automatique au bol de sauge au centre et continue. J'ai ben essayé de te rejoindre au bureau, Joyce, pour savoir le but de la réunion de famille. J'peux-tu l'savoir asteur ?

Joyce se râcle la gorge.

— Qu'est-ce que tu fais brûler Mushum ? Ça me rentre dans la gorge. Merci Clara d'être là. Je préfère attendre tout le monde avant de commencer. Il ne manque que Peter.

— Peter ? Mais c'est quoi c'te réunion-là ? Veux-tu ben me l'dire !

— Et puis... à part de ça, quoi de neuf Clara ? Il y a longtemps que tu n'es pas venue à la maison pour prendre ton café.

— J'ai pas jusse ça à faire moé ! Attendre !

— J'ai bien tenté de prendre de tes nouvelles mais comme tu ne retournais pas mes appels...

Clara se met à marcher de long en large.

— Quoi de neuf... quoi de neuf... pas grand-chose. J'ai été très occupée, c'est tout. Heil ! On dirait que ceux qui travaillent ont oublié comment y'est difficile de joindre les deux bouts quand t'es sur le B.S... On n'a pas tous une bonne job comme toi. Y va-tu arriver lui ! Peter !

Mushum intervient.

— Mais où est Jordan ? J'y pense là...

— Si on la commence pas c'te réunion-là, moé...

Jacinthe Connolly

— Jordan, y m'semble qu'y'était supposé être icittte avec nous. Est-ce que j'ai bien compris Joyce ?

— Oui ! Oui !... C'est ça Mushum. Ehhhhh... il a eu un empêchement de dernière minute... un remplacement... un des employés de l'épicerie était malade... Jordan, y pouvait pas... être ici avec nous.

Clara la regarde étonnée, puis son téléphone sonne. Elle s'éloigne.

— Allô... J't'avais dit de pas m'appeler... que j's'rais pas partie toute la soirée... Encore !... Non ! Non !... Écoute-moé... calme-toé... Sont toujours là ?... Non ! Okay, ça va aller... Okay, c'est ça ! À tantôt ! Elle revient vers Mushum et Joyce. Bon ! Faut-y vraiment que j'assiste aussi ?

— Oh, que oui ! Ça te concerne toi aussi !

— Quoi ? Tu veux m'faire mon procès pour mes problèmes de toxico ! On l'sait ben, toé la madame qui a une bonne job au Conseil de bande... Madame la perfection !

— Voyons Clara.

— Okay !... c'est une game qui se joue à deux. Non, je touche pus à la drogue. Oui, je bois du vin pour me détendre... Quel mal y a-t-il là-dedans ?

— Pour me détendre... pour me détendre... T'as besoin de te détendre à chaque jour ? J'attends toujours après mon argent que j't'ai prêté pour t'acheter deux bouteilles de vin. Ça fait six mois de ça !

Puis Joyce se retourne en entendant siffler. Peter entre, vêtu de son uniforme.

— Salut la compagnie ! Il fait une mimique accompagnée d'une salutation comme dans l'armée. Excusez-moi pour le retard. J'ai-tu manqué quelque chose ? Il donne la main à Mushum. Kuei Mushum ! Pis !... Parcourez-vous toujours le monde ?

— Ben oui ! J'arrive justement de Saskatoon où y'avait un

grand rassemblement d'anciens pensionnaires de pensionnats indiens.

Peter embrasse maintenant ses cousines en commençant par Clara qui le fixe du regard avant de parler.

— Hummm ! Tu sens ben bon ! Mais où tu t'en vas après ?

— Ah ! C'est pas parce que j'suis tombé veuf l'hiver dernier que j'vais m'arrêter d'vivre ! Comme y'en a qui pensent que j'suis atteint du démon du midi... Il rit. J'sais jusse une chose : j'suis un bon yiable, pis je profite ben de la vie. Il embrasse Joyce. Toujours aussi sexy Joyce... Ah ! si t'aurais voulu, tu s'rais pas encore toute seule aujourd'hui, ma cousine.

Clara s'interpose.

— OK !!! Ça va faire, là ! Tout l'monde est icitte... on commence-tu là ! Tout le monde se tourne vers Joyce qui semble paralysée par l'attitude de Peter. Yoouuuhoouuu !... On est prêts.

Joyce se ressaisit.

— Bon ! Okay ! Je n'irai pas par quatre chemins. Je vous ai convoqués parce que je pense qu'il y a de sérieux problèmes de drogues dans la communauté. L'autre jour, tiens !... j'étais en train de faire le plein d'essence et je suis certaine qu'une transaction s'est faite là, dans une auto stationnée à côté du dépanneur...

— Whoa ! Whoa ! Une minute ! Tu nous as pas invités jusse pour nous faire part de tes observations !

— Laisse-moi terminer, s'il-te-plaît Clara. Il y a réellement de la vente de drogues et pas juste par un pusher... Les gens du bureau s'en parlent.

C'est au tour de Peter.

— T'aurais dû faire le métier de policier plutôt que secrétaire qui écoute tous les ragots ! Et pis... fais-toi z'en pas... les affaires de police ça me regarde ! D'ailleurs, y en a des perquisitions ! Comme les 5 kilos de pot qu'on a trouvés dans le congélateur d'une maison unifamiliale... et aussi celle où on a trouvé un bon butin : des armes à feu, de l'argent, de la cocaïne et des *peanuts* !

— Oui, mais ça fait déjà quelques années de ça.

— Pis après ? Y'a des façons de faire des perquisitions ! Est-ce que tu insinues que mon service ne fait pas son travail ?

— Non, c'est pas ça... Du ménage, il faut toujours à faire sinon c'est le bordel.

— Bon ! Madame Blancheville vient nous dire quoi faire asteur !

Mushum lève la main.

— Je vous en prie, laissons-la terminer.

— Merci Mushum... Encore un autre exemple... Tiens, il y a deux semaines j'ai entendu crier une jeune fille pendant toute une nuit. Je pensais qu'elle faisait ça pour niaiser. J'avais laissé faire en espérant que son vacarme cesserait, mais non ! J'ai dû aviser les policiers. Elle fixe Peter des yeux. Le lendemain j'ai su que c'était une des jeunes qui étaient sur le party sur la galerie arrière d'un voisin beaucoup plus loin. Je les avais entendu rire touttte la journée !... Depuis les petites heures du matin jusqu'en soirée !... C'était assez évident qu'ils avaient dû prendre de la *peanut* pour être aussi en forme, aussi longtemps...

— C'est quoi ça d'la *peanut* ?

— C'est une sorte de drogue, le *speed*, dit Clara.

Peter enchaîne.

— Paraît que ça tient éveillé, pis ça rend super actif.

— Là je me suis dit : Non ! C'est assez... J'ai rien contre les partys occasionnels... mais là, j'avais atteint ma limite ! Pour ceux qui travaillent, la fin de semaine c'est sacré. Puis, à part ça, cette jeune fille-là ne portait que son jeans... les seins nus... elle voulait se battre ! Non mais... où est rendue notre fierté ? Notre dignité ?... Y'a toujours ben des limites !

— Ouais, des limites ! À mon avis, c'est pas un problème familial, c'est un problème social ! Joyce ne répond pas. J'vois toujours pas ce qu'on fait icitte !

— OH OUI, c'est un problème familial ! Surtout quand c'est la nouvelle conjointe de Peter qui est une des pushers et qui vend cette cochonnerie-là ! C'est simple ! Il n'y a plus rien qui se fait pour arrêter ces maudits vendeurs de drogues. Il faut faire quelque chose !

Peter explose.

— Mais t'es en train de virer folle avec tes ragots ! Au lieu d'observer ce qui se passe dans la cour de tes voisins, regarde donc ce qui s'passe dans la tienne !

Mushum se lève.

— CHUT ! CHUT ! Nous ne sommes pas ici pour se chicaner ni pour se juger. Il se tourne vers Joyce. C'est grave ce que tu viens de dire Joyce. En es-tu consciente ? D'après moi, nul ne peut accuser sans preuve.

— C'est vrai ça, Mushum.

— Alors, on attend tes explications.

— C'est ça ! dit Clara

— Je le sais, c'est tout ! Moi je pense qu'un directeur de la sécurité publique qui ferme les yeux sur les activités illicites de sa nouvelle ET JEUNE conjointe... est aussi coupable qu'elle !

Enfin, Peter prend la parole.

— Voyez-vous ça !

— Ah! les hommes... tous pareils ! Aussitôt qu'ils le peuvent ils ne se gênent pas pour forniquer avec des jeunes femmes qui pourraient être de l'âge de leur fille. Pauvre Peter Pan !

— A serait pas jalouse par hasard ?

— Ça t'arrange d'être aveugle ! Mais quel âge que t'as ? 53-54 ans ? Et cette jeune femme en a... 22-23 tout au plus !
— Elle est jalouse ! À r'gretterais-tu de ne pas avoir saisi l'occasion quand j'l'ai invitée à venir à mon chalet, hein ? Ben bon pour toé ! T'as choisi d'être seule, ben endure. Pis essaye donc d'arrêter de péter plus haut que l'trou. Si t'étais pas aussi jalouse, p't'être que tu les garderais tes chums !
— Pis tu garderais p't'être aussi tes amies. Penses-tu que c'est l'fun de s'faire donner des conseils qu'on n'a pas demandés. Pis t'écouter nous juger à propos de tout et de rien. Clara ne fait que commencer. Pis t'entendre vanter qu'au bureau t'es une employée modèle, toujours souriante, toujours bien mise, et patati et patata... Ben laisse-moi t'dire que ça c'est y'in qu'une image que tu projettes.

Mushum tente d'intervenir.

— Je dois vous ramener à l'ordre...
— Avec tes enfants, c't'une autre paire de manches...

Il hausse le ton.

— Vous êtes dans un lieu traditionnel...

Arrêtée par la sonnerie de son cell, Clara s'éloigne à l'autre bout du shaputuan pendant que Mushum essaie de les ramener à l'ordre.

— Vous êtes en présence d'objets sacrés disposés là, au centre, et qui demandent un minimum de respect.
— Non ! Attends-moi !... ne bouge pas !... As-tu ben compris ?... j'arrive dans quek minutes. Clara raccroche et rejoint les autres.
— Ça va-tu, Clara ? Elle répond par un signe de tête affirmatif. Ça va-tu, Joyce ?

Mais Joyce n'entend pas Mushum.

— Merci Clara ! C'est toute une claque en pleine face ! Mais pour le moment, il y a d'autre chose de plus urgent à régler !

— Dis-moi, Joyce... qu'est-ce qui te pousse à croire que cette soi-disant nouvelle conjointe de Peter est une... comment vous dites ?

C'est Clara qui répond, les bras croisés.

— Pusher.

— C'est ça ! Une pusher.

— C'est pas mon genre d'écouter les potinages, mais quand j'ai entendu dire que Peter avait une nouvelle conjointe, je me suis demandée quelle célibataire de son âge pourrait bien sortir avec lui...

— Et alors ?

Peter enchaîne.

— Y'a rien de mal à se faire une nouvelle blonde ?

— Je ne veux pas que vous pensiez que je suis jalouse, mais quand j'ai su le nom de la *flamme*, j'en croyais pas mes oreilles ! Pour m'en assurer, j'ai fait le guet, près de chez Peter... et... cette jeune femme y entrait avec sa clé, ce qui confirmait qu'elle co-habitait déjà avec lui ! Et ce n'est pas tout ! C'était cette même jeune femme que j'avais vue faire la transaction de drogue dans le stationnement du dépanneur ! Clara, toi qui a été en thérapie pour tes problèmes de drogues et d'alcool, dis-leur comment on devient quand on tombe dans cette enfer-là. Dis-leur combien ça a été difficile de t'en sortir. Clara reste muette. Voyons Clara, dis-le ! As-tu oublié les fois où t'avais envie de consommer et que tu te réfugiais chez moi pour des fins de semaines ? J'étais là pour toi !

Clara ne répond pas. Toujours les bras croisés, elle fait la moue.

Peter se lève.

— Moé j'm'en va ! J'en ai assez entendu ! Pis dans l'fond là... t'aimerais ben être avec moé asteur ! Pis à ben y penser là, tu cherches à te faire des alliés pour te venger ! Ben, y'est trop tard, j'ai pas d'temps à perdre. Il va pour partir.

Mushum lève la voix.

— Attends ! Rassis-toi, Peter! Joyce, es-tu certaine de ce que tu avances ? Peter est assez grand pour se faire une nouvelle blonde, mais de là à dire que c'est une vendeuse de drogues...

Joyce marque un moment d'hésitation.

— En... en faisant le guet, j'ai vu aussi mon fils, Jordan, aller dans la maison alors que Peter n'y était pas. Il en est ressorti presque aussitôt. Ça expliquait aussi pourquoi le numéro de téléphone de Peter apparaissait souvent sur mon afficheur à la maison. Faut que je vous dise... Jordan va pas bien du tout...

— Ça fait longtemps ?

— J'ai bien essayé de savoir ce qui n'allait pas mais il parle pas... il s'isole de plus en plus... ne mange plus... dort le jour... vit la nuit... pas souvent à la maison... je suis très inquiète pour lui... Et comme Clara a du vécu dans le domaine, j'aurais bien aimé lui en parler... incapable de la rejoindre... J'ai téléphoné à Urgence Santé et on m'a référée à un intervenant en toxico ou en santé mentale... mais y'a rien à faire... il dit qu'il n'est pas fou ! Je ne sais plus quoi faire... Je trouve la vie bien ingrate... moi qui ai tout fait pour mes enfants... qui leur ai tout donné. Elle commence à pleurer.

Mushum est pensif.

— Je suis attristé par ce que peut vivre votre génération... Notre famille est constituée d'une lignée de chefs. Moi-même je l'ai été. Jordan est pratiquement le seul petit-fils parmi nos descendants... est-ce à dire que notre lignée s'arrêtera ici ?... Il n'a pas le temps de finir sa phrase qu'on entend crier à l'extérieur.

— Claaaaaaara !!!!... Claaaaaaara !!!!... Où es-tu ?????

Joyce, figée, reconnaît la voix de son fils, tandis que Clara veut sortir en coup de vent du Shaputuan, et que Joyce se réveille pour tenter de la retenir. Jordan entre.

— Qu'esse tu fais là ? J't'avais dit de m'attendre à la maison, qu'y fallait pas que tu viennes. Retourne tout d'suite pis j'vas aller te rejoindre tantôt !

— Y sont encore là !... Clara, j't'en supplie... dis-leur de s'en aller...

Joyce parle pour la première fois.

— Voyons Jordan ! N'aie plus peur... je suis là !

Jordan la repousse.

— Non ! Clara, aide-moé ! Aide-moé !

— Ici Jordan ! C'est moi ta mère ! Joyce se tourne vers Clara. Toi ! t'as jamais eu d'enfant. Va t'en ! C'est de moi, sa mère, qu'il a le plus besoin !

Jordan est en crise pendant que Joyce et Clara se disputent. Peter, très mal à l'aise, se ronge les ongles.

— Les Bougalous ! Ils sont toujours là. Dis-leur de s'en aller ! Claraaaaa !

— Peter, reste pas là à rien faire, viens m'aider.

Peter retient Jordan pendant que Mushum pose ses mains sur les épaules du jeune et fixe son regard sur lui. Jordan commence à se calmer. Joyce et Clara se disputent toujours. Pendant que Peter tient encore Jordan contre lui pour le calmer, Mushum entreprend une cérémonie de recueillement et de purification. Il décroche une peau d'ours qu'il étend à côté de ses objets sacrés. Les femmes ne voient même plus les autres.

— Merci Clara ! C'est un coup de poignard au cœur que tu viens de me donner ! T'as pas le droit... c'est toi la responsable de ça.

— Responsable ? Je m'excuse mais c'est plutôt toi la grande responsable là-d'dans ! Ton fils a plus confiance en moi qu'en toi. Pourquoi qu'y te parle pas ? Tu y as toujours dit que t'étais tannée de ramasser sa marde ! Tu y as tout donné ? Oui peut-être... mais y'avait-tu réellement besoin de tout ça ?

Jacinthe Connolly

Mushum travaille comme si les femmes n'étaient pas là. Avec Jordan toujours en panique, Mushum continue de le calmer avec un brossage qu'il lui fait avec une plume d'aigle.

— Ils sont revenus… les Bougalous ! Ils sont là… ils sont là… Ils veulent m'emmener… Les Bougalous ! Les Bougalous !

Les deux femmes se retournent vers lui.

— Je vais appeler l'ambulance !

— Pas besoin d'ambulance, Joyce. Laissez-moi seul avec lui !

Peter salue comme un soldat et en profite pour déguerpir.

— Mais… mais… il a besoin de moi !

— Fais-moi confiance. Fais-toé en pas, j'sais c'que j'fais.

Les deux femmes finissent par quitter les lieux ne se disputant plus pendant que Mushum fait signe à Jordan de s'allonger sur la peau d'ours. Mushum sort une sorte de médecine liquide de son sac spirituel et fait une courte prière dans chacune des quatre directions en plus du ciel et de la terre puis fait boire Jordan qui continue de se méfier de ces êtres qu'il voit. Mushum se met à jouer de son tambour un moment pour l'apaiser. Quand il le sent plus calme, il lui parle.

— Ça va mieux maintenant ? Jordan fait un signe de tête. Dis-moi Jordan, ta vision, ces Bougalous ?… Peux-tu me les décrire ?

— Ils sont… petits… très petits. Mushum, avec sa main, lui montre combien ils pourraient mesurer. Oui !… ils sont à peu près de cette grandeur là… ils sont habillés avec des fourrures… ils me parlent mais j'les comprends pas. Tout c'que j'peux dire, c'est qu'ils disent souvent genre : ASH-TOUM… NOUTSHIMISH… quek chose comme ça… rien que ces deux mots-là que je me souviens, mais j'sais même pas c'que ça veut dire…

— Ho ! Mushum a le sourire en coin. Je vois. Ne t'en fais

pas, t'es pas fou. T'as pus à avoir peur de ces p'tits êtres là. Je les connais, moi aussi. Ils sont de la forêt, comme toi et moi, là où mes parents, mes grands-parents, tes ancêtres, ont toujours vécu. J'aurais bien aimé faire de même aussi, mais ça n'a pas été le cas car j'ai été obligé d'aller dans un pensionnat indien pendant cinq ans. J'en suis sorti avec la colère, la culpabilité et la honte… et surtout sans aucune estime. Et puis, j'ai beaucoup bu moi aussi. Ça ne devait pas être drôle pour mon épouse et mes enfants parce que j'étais très violent en boisson. Par chance qu'y avait pas de drogue dans mon temps parce que je pense que j'en aurais ben pris moi aussi ! Ouais ! Ma dernière *brosse* a duré un mois… j'me suis réveillé dans un boisé derrière le village… les p'tits êtres, les mêmes que tu as vus toi aussi, étaient là qui me parlaient. Ça a été ma dernière brosse. Là j'ai vu que j'avais soif d'autre chose, pas de la boisson. J'ai commencé à voyager, je suis parti à la recherche de leaders spirituels, et je suis revenu ici, dans notre territoire. C'est c'que les Bougalous, comme tu les appelles, essaient de te faire comprendre aussi. ASHTIM UTE. NUHTSHIMITSH. « VIENS ICI… DANS LA FORÊT… » notre chez nous.

— Nuhtshimitsh… dans la forêt… Jordan essaie les mots.

— Aujourd'hui, j'peux dire qu'ils m'ont redonné la vie parce que j'étais mort intérieurement. Ouais ! Presque 40 ans de ça ! T'sé-tu quoi ? J'ai revu ces p'tits êtres à l'intérieur d'un sweat lodge plus tard. Ils m'ont parlé comme ils te parlent dans la langue de nos ancêtres. Ils m'ont choisi.

Jordan l'écoute attentivement. Mushum le regarde.

— Ils t'ont choisi. Relève-toi, ils te disent, toi, qui as un rôle à jouer au sein de ta Nation et des autres Peuples Rouges. Relève-toi.

Sur ces paroles, Mushum se lève lui-même, prend son tambour et le tend à Jordan. Le Shaputuan, lui, prend les couleurs et la lumière de la forêt.

Jacinthe Connolly

THE BOUGALOUS

Wearing a ceremonial ribbon shirt and carrying his medicine pouch and drum, Mushum Thomas stumbles into the Shaputuan. "Oops!... *Tabarnouche!*..." He sets down his bag and drum on the branches and lights a match. "A body needs a bit of help sometimes findin' the light!" He pulls a red cloth out of his pouch and lays it down in the middle of the Shaputuan to set out his sacred objects. He lights the sage and says a prayer under his breath to each of the four directions.

He has just about finished when Joyce arrives wearing a form-fitting mini-skirt and a top that bares one shoulder. Perched on her high heels, she has trouble walking through the fir branches. "Can I come in?"

"Kuei kuei, Joyce. C'mon in. Been waiting a long time for you, neighbour."

Joyce makes as though to step over the sacred objects. "No! No!" He gestures for her to skirt around them. She sits down next to him. He leans in to kiss her cheek, but she stops him.

Visibly uncomfortable in the setting, Joyce tries to justify her gesture. "I don't want to be a bother..."

"You're just like my brother, your dad. Never wanted to be a bother, that one."

Joyce looks shocked. "Maybe not to you, but it was no fun for us kids at home being woken up in the middle of the night by our parents' parties..."

"I remember... It must've been tough for you kids..."

"I've seen more than my share of people in a drunken stupor!"

"You were just little."

"You're telling me! I had to be a mom for my younger brothers and sisters."

"You shouldna had to do that. Back then, your parents were suffering from that incurable disease."

"Incurable disease?"

"Alcoholism. Had it myself. But it can be treated."

Joyce looks unconvinced.

"Sure! Alcoholism's a disease of the emotions. You just gotta express your feelings to treat it, instead of numbing 'em with alcohol or drugs like some do today. I wish your dad and mom would've gone for treatment, too."

"Maybe they wouldn't have been in that car accident."

Mushum grows pensive. "When we were kids, your dad was already defending the weak ones. Wasn't afraid to speak out when he saw wrong being done. He was a good chief when he was into politics. Anyone could call him any time, night or day."

"He was often off partying."

"Not always. Bottle or no, he was a really good chief. Do you know he even went to Ottawa to defend our cause? Back then in the early '70s, it was real big to travel all the way there. Uh-huh! Round the same time, he won a heap of cash playing the Mini-Loto. Five thousand was big bucks back then, parties went on forever!"

"That hasn't changed! When you've got money, you've got lots of friends..."

"Yup! I can imagine how tough it was for you kids. But I remember too how chock full the church was for the funerals."

Joyce lowers her head. "Not me... I was only eight..."

Mushum stands up and leans over to kiss her forehead. Just then, Clara breezes in, whipping out the long skirt clasped under her arm and slipping it on over her jeans.

"Kuei kassinu!" She kisses Mushum on both cheeks. "Kuei Ti-Mushum... Can't stay long." She automatically smudges herself from the bowl of sage in the centre and continues.

"I tried to get you at the office, Joyce, to find out what's up with the family meeting. How 'bout filling me in now?"

Joyce clears her throat. "What's that you're burning, Mushum? It's getting to my throat. Thanks for coming, Clara. I'd rather wait for everyone to be here first. Peter's the only one missing."

"Peter? What kind of gathering is this? You gonna tell me or not!"

"Uh ... What's new with you, Clara? You haven't dropped by the house for coffee for a while now."

"I got better things to do than just sit around!"

"I tried to phone to catch up on your news, but you never returned my calls ..."

Clara starts pacing up and down. "What's new, what's new. Not much. I was just real busy. Huh! It's like people with jobs have forgotten how hard it is to make ends meet when you're on welfare ... Not everyone's got a good job like you. What's takin' him so long? Peter!"

Mushum speaks. "By the way, where's Jordan?"

"If this meeting doesn't start soon, I'm ..."

"I thought Jordan was s'posed to come, too. That right, Joyce?"

"Right! ... That's it, Mushum. Umm ... something came up at the last minute ... He had to fill in ... One of the staff at the grocery store called in sick ... Jordan couldn't ... He couldn't be here." Clara shoots her a surprised look, and then Clara's phone rings. She steps away to take the call.

"Hey ... I told you not to call ... I'm not gonna be gone all night ... Again! ... No! ... Listen ... Take it easy ... They're still there? ... No! Okay, it'll be alright ... Okay then! See ya later!"

She walks back to Mushum and Joyce. "Okay, do I really need to be here?"

"Absolutely! This concerns you, too!"

"What is it? You gonna lecture me about all the drug stuff again! We all know you're Little Miss Perfect with your great job on the tribal council!"

"Lay off, Clara."

"Okay, two can play this game. No, I don't do drugs anymore. Yes, I drink wine to unwind... What's wrong with that?"

"To unwind... Do you need to unwind every day? I'm still waiting for the money I loaned you to buy two bottles of wine and that was six months ago!" Joyce stops, someone outside is whistling. Peter appears in uniform.

"Hey all!" He pretends to salute. "Sorry for being late. Did I miss anything?" He shakes Mushum's hand. "Kuei Mushum! So... You still travelling the world?"

"'Course! I'm just back from Saskatoon and a big gathering of people who went through the Indian residential schools." Peter turns to kiss his cousins, beginning with Clara, who takes a good look before speaking.

"Mmm! Do you ever smell good! Where you off to after?"

"Ah-ha! It's not 'coz I was widowed last winter that I'm gonna stop living! Some say I'm having a mid-life crisis..." He laughs. "All I know is: I'm a good catch and I'm making the most of it." He kisses Joyce. "Still as sexy as ever, Joyce... If only you'd said the word, you wouldn't still be all alone, cuz."

Clara cuts in. "Okay! Enough already! We're all here... Are we gonna start or what!"

Everyone turns to Joyce, struck dumb by Peter's attitude.

"Yoohoo!... We're ready."

Joyce gives herself a shake. "Yes, okay! I'll get straight to the point. I called you here because I think we have some serious drug issues in the community. The other day, for example... Filling up at the station, I'm sure I saw a drug deal go down in a car parked next to the convenience store..."

"Whoa! Whoa! Wait a sec! You didn't just invite us here to read us the riot act?"

"Let me finish, Clara, please. Drugs are being sold for real and not just by one dealer... People at the office are all talking about it."

It's Peter's turn. "You should have been a cop 'stead of a secretary listening to all the gossip! Anyhow... don't get all worked up... Police stuff is my business! Fact is, we've done searches. Like the five kilos of pot we found in the freezer in a single family home... Plus that house where we got all kinds of spoils: guns, cash, cocaine, and peanuts!"

"Yes, but that was several years ago."

"So what? There are ways and then there are ways! Are you insinuating my department's not doing its job?"

"No, that's not it... Just, you've got to keep on top of things or you'll be swamped."

"So Ms. Squeakyclean wants to tell us how to run our lives now!"

Mushum raises his hand. "Please, let her finish."

"Thanks, Mushum... Another example... Two weeks ago I heard a young girl yelling all night long. I thought she was just being a jerk. I didn't interfere, thinking she'd stop, but no! I had to call the police." She looks Peter in the eye. "The next day I found out it was someone at a party on a neighbour's back stoop at the far end of the street. I could hear them laughing all day long! From first thing in the morning till that evening... It didn't take much to figure out they'd taken peanuts to be that hyper for so long..."

"What are *peanuts?*"

"A kind of drug. Speed."

Peter takes over from Clara. "They say it keeps you awake, makes you super energized."

"That's when I said enough!... I've got nothing against the occasional party... But I'd had it! When you work, weekends are sacred. Besides which, that girl had nothing but a pair of jeans on . . . She was topless . . . And itching for a fight! Really . . . what's happened to our pride? Our dignity? There has to be a limit!"

"A limit, yeah! If you ask me, it's not a family issue but a social issue!" Clara marks a pause. "I still don't know why we're here."

It's Joyce's turn. "Oh, no! It is so a family issue! Especially when Peter's new live-in is one of the pushers selling that crap! It's simple! Nothing's being done anymore to stop the damned drug dealers. Something's got to be done!"

Peter explodes. "You and your mean-spirited gossip, you're crazy! 'Stead of spying on your neighbours, why don't you take a look at what's going on in your own home!"

Mushum gets to his feet. "SHH! SHH! We aren't here to bicker or pass judgement." He turns to Joyce. "You're makin' a serious accusation, Joyce, you realize that? In my books, you shouldn't point a finger without proof."

"You're right, Mushum."

"We're waiting for your explanation."

"Uh-huh!" says Clara.

"I just know! It seems to me that a director responsible for public safety who ignores his new, YOUNG girlfriend's illegal activities . . . is just as guilty as she is!"

Finally, Peter speaks. "Can you believe this?!"

"Men . . . they're all alike! Give them a chance and they're sleeping with girls no older than their daughter. Poor Peter Pan!"

"Jealous are we?"

"It suits you to turn a blind eye! But how old are you? 53–54? And she's what . . . 22–23 max!"

"The woman is jealous! You're sorry you didn't take me up on my offer to come to the cabin, eh? Serves you right! You chose to be alone, so deal with it! While you're at it, stop acting so high and mighty. If you weren't such a jealous type, maybe you could keep a boyfriend!"

"Maybe you could keep your friends, too. You think it's fun getting advice no one asked for? Or listening to you judge us for anything and everything?" Clara is on a roll. "Or hearing you go on and on about how you're the model employee at work, always smiling, always put together... Well, let me tell you that's nothin' but smoke and mirrors..."

Mushum tries to intervene. "Calm down here..."

"Just look at your kids."

Mushum raises his voice. "This is a sacred space..."

Stopped by the ringing of her cellphone, Clara walks to the far end of the Shaputuan while Mushum tries to restore order. "You're in the presence of sacred objects here, and they're owed a minimum of respect."

"No, wait... Don't move!... Understood?... I'll be there real soon." She hangs up and joins the others.

"Is everything okay, Clara?" She nods. "Are you okay, Joyce?"

Joyce doesn't hear Mushum. "Thanks a lot, Clara! What a slap in the face! But for now, we have more important things to figure out!"

"Tell me, Joyce... what makes you think Peter's new girlfriend is a... what did you call it?"

Clara's the one who answers, her arms crossed. "Pusher."

"That's it! A pusher."

"I don't usually listen to gossip, but when I heard Peter had a new girlfriend, I couldn't help but wonder what single woman his age would go out with him..."

"And...?"

Peter cuts in. "What's wrong with having a new girlfriend?"

"I don't want you to think I'm jealous, but when I heard his new live-in's name, I couldn't believe my ears! Just to be sure, I staked out his place a few times... I saw her going in with his key, proof they're living together! That's not all! She's the same woman I saw dealing drugs at the gas station! Clara, you've been through therapy for your drug and alcohol issues, tell them what happens when you fall into that hellhole. Tell them how hard it is to claw your way out." Clara says nothing. "Please, Clara! Have you forgotten how many times you holed up with me on weekends to avoid using. I was there for you!"

Clara doesn't answer. Her arms are still crossed, and she's pouting.

Peter stands up. "I'm outta here! I've heard enough! What it boils down to is you wish it was you with me 'stead of her! You're just looking for allies to take your revenge. Well, it's too late! I've got no time for this." He makes as if to leave.

"Wait! Sit down, Peter! Joyce, are you sure of what you're saying. Peter's old enough to have a new woman, but to say she sells drugs..."

Joyce hesitates for a second. "Watching Peter's house, I... I also saw my son Jordan show up when Peter was away. He didn't stay long. That explained why Peter's number kept showing up on my call display at home. I've got to tell you... Jordan's not doing well at all..."

"How long has this been goin' on?"

"I tried to find out what was wrong, but he won't talk... he's cutting himself off from everyone... stopped eating... sleeps all day long... goes out at night... rarely home... I'm really worried about him... Since Clara has been through it herself, I wanted to talk to her... I could never get through... I phoned the health line and was referred to some drug or mental health agent... but it didn't help...

He said he's not crazy! I don't know what to do anymore . . . Life is so unfair . . . I've done everything for my kids . . . I gave them everything I had . . ." She starts to cry.

Mushum is pensive. "I'm sad to see the things your generation has to go through . . . Our family comes from a line of chiefs. I myself was one. Jordan is about the only grandson among our descendants . . . does that mean our line stops here?"

He's interrupted by shouting outside.

"Claaaara!!!! . . . Claaaara!!! . . . Where are you???"

Joyce, frozen, recognizes her son's voice. As Clara starts to run out, Joyce comes around and tries to stop her. Jordan steps into the Shaputuan.

"What are you doin' here? I told you to wait at my house, not come here. Go back right away, I won't be long!"

"They're still here! . . . Clara, please, I beg you . . . tell 'em to go away . . ."

Joyce speaks. "Now now, don't be afraid, Jordan . . . I'm here!"

Jordan pushes her away. "No! Clara, help me! Help me!"

"Jordan! Look, I'm your mother!" She turns to Clara. "You! You never had any kids. Get out! He needs his mother!"

Jordan is in a frenzy as Joyce and Clara argue. An uncomfortable Peter is biting his nails. "The Bougalous! They're still here. Tell 'em to go away! Clara!"

"Peter, don't just sit there, help me."

Peter holds onto Jordan while Mushum places his hands on Jordan's shoulders and looks him in the eye. Jordan begins to calm down as Joyce and Clara keep on arguing. While Peter continues to hold Jordan close to calm him down, Mushum begins a cleansing ceremony. He unhooks a bearskin that he lays next to the sacred objects. Joyce and Clara are oblivious.

"Thanks a lot, Clara, for the knife to my heart! You've got no right . . . You're responsible for all this."

"Me? Sorry, but you're the bad guy here! Your son trusts me more than you. Why doesn't he talk to you? 'Coz you always told him you were sick of cleaning up his shit! You gave him everything? Yeah, maybe... but did he really need all that?"

Mushum is intent on his task, ignoring the women. With Jordan still panic-stricken, Mushum continues to stroke him with an eagle feather in an effort to calm him down.

"They're back... The Bougalous! They're right here... right here... They're gonna take me away with them... The Bougalous! The Bougalous!"

Both women turn to him.

"I'm going to call an ambulance!"

"No need for an ambulance, Joyce. Let me talk to him alone!"

Peter salutes and high-tails it out of the Shaputuan.

"But... but... he needs me!"

"Trust me. Don't worry, I know what I'm doin'."

Both women leave, reluctantly, their dispute forgotten. Mushum motions to Jordan to lie down on the bearskin. He pulls a vial out of his sacred pouch and prays briefly to each of the four directions and to the sky and the earth. Then he has Jordan—still frightened by his visions—drink from it. Mushum plays his drum for a while to soothe him. When he sees Jordan relax, he begins to speak. "Better now?" Jordan nods. "Tell me Jordan, your Bougalous... Can you describe them for me?"

"They're... small... really small..." Mushum holds his hands out as a measure of their size. "Yeah! About that big... They wear furs... They speak to me, but I don't understand. All I know is they keep saying ASHTOOM... NOOTSHIMISH ... something like that... just those two words I think, but I don't know what they mean..."

Mushum gives a half-smile. "Ah-ho! I see. Don't worry, you're not crazy. You don't need to be afraid of them anymore.

I've seen 'em, too. They're from the forest like you and me, where my parents and grandparents, your ancestors, have always lived. I'd of liked to do the same, but that didn't happen 'coz I had to go to an Indian residential school for five years. When I got out, I was full of anger, guilt, and shame... worse I'd lost faith in myself. Then I drank, lots. Mustna been much fun for my wife and kids 'coz I was a mean drunk. A good thing there were no drugs back then 'coz I think I would've done 'em too! Yup! My last binge lasted a whole month... I woke up in the woods behind the village... Them little ones, the same ones you saw, were there talking to me. That was my last binge. I was thirsty for somethin' else after that. Started travelling, lookin' for spiritual leaders, and I came back here to our territory. That's what the Bougalous, as you call 'em, are trying to make you understand. ASHTIM UTE. NUHTSHIMITSH, 'Come here... to the forest.' To where we come from."

Jordan tries the words on his tongue. "NUHTSHIMITSH... IN THE FOREST... "

"Today, I can tell ya they gave me my life back 'coz I was dead inside. Yup! Almost forty years ago! You know what? I saw 'em again later inside a sweat lodge. They spoke to me like they speak to you in our ancestors' tongue. 'Get up. Others need your help. The time has come to act.' They chose me."

Jordan listens carefully. Mushum looks him in the eye. "Now it's your turn. They've chosen you. 'Get up,' they're saying, you've got a part to play in your Nation with the other Red Peoples. Get up."

With those words, Mushum stands up himself, gathers his drum to him, and holds it out to Jordan. The Shaputuan takes on the colours and light of the forest.

MURIELLE ROCK est Innu de Mani-Utenam. Elle demeure à Québec depuis plus de vingt ans. Elle est mère de trois enfants, adultes maintenant, Dany, Shushan et Shal. Mais aussi grand-mère de Uashtushkueu, Wa'ta et Mishta-Napeu. Murielle est réalisatrice à la Société de Communication Atikamekw-Montagnais (SOCAM) depuis près de 18 ans. En 2009, elle a décidé de prendre une année sabbatique afin de poursuivre des études en création littéraire à l'Université Laval. Écrire a toujours été une forme d'expression pour elle. Murielle possède une grande sensibilité qui lui permet de composer des textes remplis d'émotions. Elle aime parler de son amour envers sa famille et elle aime aussi raconter des moments passés dans le Nitassinan sur la terre des Innu. Les souvenirs, la nature et les animaux sont aussi sources d'inspiration dans ses écrits.

MURIELLE ROCK is Innu from Mani-Utenam. She has lived in Quebec City for over twenty years. She has three grown children, Dany, Shushan, and Shal, and also three grandchildren, Uashtushkueu, Wa'ta, and Mishta Napeu. For close to eighteen years, Murielle has worked as a radio producer for the Atikamekw-Montagnais Communications Society (SOCAM). In 2009, she decided to take a sabbatical year to pursue her studies in creative writing at Laval University. Writing has always been a form of expression for Murielle. She is a woman of heightened sensitivity, which leads to texts full of emotion. She takes pleasure in exploring familial love and telling stories of her time spent in Nitassinan, Innu territory. Memory, nature, and animals are also a source of inspiration.

LE GRAND CHASSEUR

Il dansait au son du tambour
chaque pas le liait à l'infini
il était le gardien de la terre
il marchait droit devant lui

il chantait des prières de reconnaissance
chaque mot l'unissait à une puissance invisible
au creux de sa grosse main
il devenait grand

il chassait au rythme des saisons
une grande fête autour de la table
il parcourait le territoire à pas de géant
des hommes libres habitaient son univers

il n'avait qu'un seul maître pour lui enseigner les choses de
    la vie

il observait les lois de la nature
admirait l'arrivée des outardes au printemps
s'étonnait devant les arbres enneigés
secoués par le vent

il partageait son savoir sans discours
dans le tumulte de la foule
sa présence était silence

THE GREAT HUNTER

He danced to the beat of the drum
each step a tie to the infinite
he served as the guardian of earth
he walked a straight line

he sang prayers of thanks
each word a link to an invisible power
in the hollow of that great hand
he grew into a man

he hunted to the rhythm of the seasons
a huge feast set out at the table
he traversed the land with giant strides
free men inhabited his world

he had but one teacher for the lessons of life

he observed the laws of nature
admired the arrival of geese come spring
marvelled at trees laden with snow
buffeted by gusts of wind

he shared his knowledge quite simply
amid the tumult of the crowd
his presence was silence itself

Murielle Rock

DES MOTS

Il y a des mots qui s'étirent jusqu'au fond de l'être
frappent les sommets des hautes montagnes
s'arrêtent une dernière fois   s'évaporent dans le temps

Il y a des mots qui reviennent par hasard, par magie
envahissent l'espace   se multiplient   se transforment
   en fleurs
 laissent leurs empreintes pour mieux revenir

Il y a des mots qui ébranlent la planète entière
déplacent la pensée sans penser à personne
des mots qui poussent en direction du dessein de l'inconnu

Il y a des mots qui attirent
qui nous font avancer à une vitesse qui dépassent nos
   limites
des mots pour justifier chaque mouvement   chaque pas

Il y a des mots qui s'entrecroisent dans le vide
Ils disparaissent lentement
Il ne reste que le geste   le mot n'est plus utile

WORDS

There are words that stretch to the bottom of being
strike the peaks of tall mountains
mark a final stop   vanish into time

There are words that return by chance, by magic
invade space   multiply   transform into flowers
leave a trail to better return

There are words that shake the entire planet
shift mindsets unmindful of anyone
words that urge toward the unknown's designs

There are words that attract
propel us forward faster than our limits
words to justify every movement   every step

There are words that intersect in the void
Then slowly disappear
Only the gesture remains   the word is no longer of use

Murielle Rock

UNE PETITE VOIX

Je chante mes exploits
Je crie mes souffrances
La peur envahit mon esprit, je suis perdue
Une petite voix m'interpelle, je l'entends
La vie me berce, je me fais forte

Je suis triste, je mets mes mocassins de danse
Le tambour m'ébranle, je le reconnais
Les pas renforcent mon âme, j'en suis convaincue
Le son de cette musique est magique, il me féconde

Ainsi, la pensée voyage librement comme l'air
Seul le temps de la vitesse lumière compte
Et les fleurs peuvent être cueillies été comme hiver

Les murs sont tombés, il n'y a plus de barrières
Certains choisissent la liberté d'autres la honte
L'homme se transforme comme le ruisseau devient rivière

A SMALL VOICE

I sing my exploits
I shout my suffering
Fear invades my spirit, I am lost
A small voice calls, that voice I hear
Life gently rocks me, I gather strength

I am sad, I slip on dancing moccasins
The drum reaches me, the drum I recognize
Each step, I'm sure, shores up my soul
The magic of the music gives me life

So thoughts travel free as air
The time and speed of light all that counts
And flowers for picking winter and summer alike

Walls have fallen, all barriers gone
Some choose freedom, others choose shame
Man is transformed, a river from a stream is born

LE SILENCE

Je rentre dans le silence de la nature
les inquiétudes se brisent en mille morceaux
la paix s'installe
l'amour s'étend devant autour partout
sans retenue le père se dénude
l'enfant se gave de bonheur
verre rempli d'eau de source
les arbres sourient attirent l'esprit des ancêtres
la magie de l'exaltation s'empare des lieux
la forêt se paie un bain d'amour
la méchanceté se perd dans l'abîme
les sens s'éveillent
la passion secoue l'intelligence
le cœur vibre de toutes ses forces
les bras du père enlacent son petit

SILENCE

I enter the silence of nature
worry shatters into fragments
peace makes a home
love expands   ahead   around   throughout
uninhibited a father strips down
his child fills with happiness
spring water brimming in a cup
trees smile beckon ancestors' spirits
elation's magic takes hold
the forest bathes in love
malevolence lost in the abyss
senses awaken
emotion gives intelligence a shake
the heart stirs mighty
a father's arms enfold his child

MAYA COUSINEAU-MOLLEN, Innu de la communauté Mingan-Ekuanitshit, est née en 1975. Maya fut adoptée très jeune par une famille québécoise. Sa famille adoptive l'a élevée dans le respect de ses origines et des traditions de son peuple. Elle a un baccalauréat en Sciences politiques et Études amérindiennes. Sa poésie a paru dans deux anthologies dirigées par Maurizio Gatti ainsi que dans des publications locales. Actuellement, Maya révise ses poèmes pour en faire un recueil.

MAYA COUSINEAU-MOLLEN, born in 1975, is an Innu woman from the Mingan-Ekuanitshit community. Maya was adopted at a very young age by a Quebec family. Her adopted family raised her to respect the traditions of her people and her origins. She has a bachelor's degree in political science and First Nations studies. Her poetry has appeared in two anthologies edited by Maurizio Gatti and in local publications. Maya is in the process of revising her poems for a collection.

LA RAGE DU CHARNIER

Petits pas qui n'hésiteront plus
Yeux innocents aveugles...
Ils sont maintenant mamu

Dans l'atrocité du vide
Dans l'horreur de l'assimilation
Ils reposent dans la honte

Ils étaient enfants de l'avenir
Ils sont poussières anonymes
Toi homme blanc
Est-ce ainsi que tu traites l'enfant ?

Personne ne mérite un charnier
Dans ce pays qui se nomme génocide.

RAGE AT A MASS GRAVE

Small feet hesitate no longer
Innocent eyes made blind...
They are mamu now

In the atrocity of the void
In the horror of assimilation
The disgrace of their last resting place

They were children of the future
They are dust without a name
You white man
Is that how you treat a child?

No one deserves a mass grave
In this country called genocide

AGONIE AU SON DE CRIS DERKSEN

1) Au commencement du rêve
Dans une étreinte onirique
Splendide et souriant
Vivant et impétueux

2) Amour de ma jeunesse paumée
Baiser au-delà du réel
Ainsi le cheminement
Vers une autre réalité

3) Essence vibrante et cuivrée
Amitié de courtes décennies
Ta vie te fuit

4) Violoncelle de peau-rouge
À la Symphonie de Carcinome
Son boisé élégant
Ses notes me percutent

5) Son archet cravache
En vague de triolets
Mon agonie secrète

6) Pleurs invisibles
De ta souffrance intime
Cruelle chambrière
Son cuir te mutile

7) Choc électrique
Insistant, importun
Sur mon cœur
Réanime ma fougue

Maya Cousineau-Mollen

8) Guerrier sur un cheval névrosé
Galop funeste
Mener au gouffre du Crabe

9) Trahison en la matrice
Effluve de Camarde
Toi, fils de la tortue

10) Pour l'enfant des peuples nomades
Aucune danse, aucune fumée
Qui adoucira ton dernier râle

11) Moi, femme Innu de l'Est
Venue de la froidure
En vagabonde

12) Ma peau ambrée
Teintée de fierté pourpre
Halète au son de la guitare
Qui gémit languissante

13) Pour me hanter
De ses yeux noirs d'espoir
Sous la férule
D'un concerto désincarné

14) Une soirée, une nuit
Nos mains s'accouplaient
Apaisées et furtives

15) Saisie par la douceur veloutée
De ce toucher fugace
Prometteur et périssable
Telle ta chair souffreteuse

16) Mots soyeux et sensuels
De ces chansons lyriques
Aromatisées de piano doux

17) Murmures occultes
Mélodie de désir
Toi, amant grabataire
Que je trouvais magnifique

18) Prunelle intense
Quand tu me regardes
Transpercée
Mise à nue

19) Les spectres au teint bilieux
Rôdent d'un pas ouaté
Accompagnés du tambour des anciens

20) Les chants funéraires
Embaumés de sauge
Te guident en ce lieu

21) Stigmates des Premières Nations
Cimentés dans l'histoire du sang
Sur la terre des braves

22) Blanc et noir
Voilà mon aurore
Je suis dans l'attente

23) Car il s'éloigne
Loin des misères
Loin des remords

24) Oh ! Ami de l'Ouest !
Quand tu rejoindras
Les vieux esprits

25) Libre de la déchéance
Affranchi de l'amertume
Évasion de la servitude

26) Quand ton regard se voile
Âme Sauvage des plaines
Dis-moi, vois-tu les étoiles ?
Y a-t-il un ciel ?

27) Héritage d'amour
Car ton sourire chasse la mort
Mais la maladie traîtresse
Dont la faim dévorante
Te convoite plus que nous

28) Moi qui suis à l'Est,
Guette le glauque miroir
Le ciel sombre, affligé
Ne m'ébranle pas

29) La météo est mortuaire
Mes traits impassibles
Mon regard lointain
La mouvance lente

30) L'enjeu humanitaire
Les milles pas marchés
Dans la pâle indifférence

31) Lors de l'éternité
De cette dernière seconde
Où ton souffle gracile
Fredonne un ultime instant

32) Puisse tes cellules folles
T'emporter vers la clarté
D'une prairie pacifique
Loin de la sénescence

AGONY TO THE SOUND OF CRIS DERKSEN

1) In the dream's beginning
An oneiric embrace
You, splendid and smiling
Vibrant, impetuous

2) Love of my lost youth
Our kiss beyond the real
Leading the way
To another reality

3) Vibrant, coppery essence
Friendship of short decades
Your life escapes you

4) Redskin cello
In the Symphony of Carcinoma
Its elegance of wood
Its notes shatter me

5) Her bow a riding crop
A ripple of triplets
My secret agony

6) Invisible tears
Of your intimate suffering
Cruelest of whips
Leather mutilating you

7) Electric shock
Insistent, my heart
Distressed
Resuscitates my spirit

8) Warrior on a high-strung horse
Fatal gallop
To the chasm of the Crab

9) Betrayal in the womb
Grim Reaper's effluvia
You, son of turtle

10) For the child of nomadic peoples
No dance, no smoke
To soften your death rattle

11) Innu woman of the East
I come from the cold
A wanderer

12) My amber skin
Shaded with red pride
Heaves to a guitar now
Its languid moans

13) Haunting me
With his black eyes of hope
Under the iron rule
Of a disembodied concerto

14) One evening, one night
Our hands joined
Appeased and furtive

15) Transfixed by the gentle softness
Of that fleeting touch
Promising and perishable
Like your sickly flesh

16) Silken, sensuous words
Of other lyric songs
Flavoured with muted piano

17) Hidden murmurs
Melody of desire
You, bedridden lover
Magnificent when I saw you last

18) Intensity of your pupil
Trained on me
Piercing
Stripping me bare

19) Spectres of a bilious hue
Prowl with hushed steps
Accompanied by the Ancients' drums

20) Funeral chants
Fragrant with sage
Guide you in this place

21) Stigmata of First Nations
Cemented in a history of blood
On the land of the braves

22) White and black
Such is my dawn
Of waiting

23) The distance grows
For him far from woe
Far from remorse

24) O Friend from the West!
When you rejoin
The Ancient spirits

25) Free from loss
Delivered of bitterness
Rid of servitude

26) When your eyes cloud over
Savage soul of the plains
Tell me, do you see the stars?
Is there a sky?

27) Legacy of love
Your smile trumps death
But the treacherous disease
With its ravenous hunger
Covets you more than we do

28) I here in the East
Stare at the dull mirror
The dark sky, afflicted
Does not dismay me

29) The forecast is for death
My features impassive
My gaze in the distance
The slow change coming

30) The stakes for mankind
The thousands of steps taken
In pale indifference

31) Over the eternity
Of that last second
When your wisp of breath
Thrums one last time

32) May your wild cells
Carry you to the light
Of a peaceful prairie
Far from senescence

IAMÉ UTSHIMAU JACK LAYTON

Lundi de morosité
Pluie cruelle déverse
Une noire nouvelle

Vent qui me gifle
La mort rôde
Cette garce a faim

Morceau de choix
Elle si tatillonne
Tueuse en série
Elle collectionne l'espoir

Il était un grand guerrier
Son arme secrète
Son sourire

Sa fougue de feu
Intégrité dévorante
Politique d'humanité

Venue toucher
Mon cœur de froidure
Qui a perdu ses croyances

J'ai pleuré des larmes
Sincères et surprises
Quand l'écran dévoilait
Cette ombre à la voix brisée

Son destin
Est celui d'un gagnant
Au prix de sa vie

Temps de sommeil
Lui, un oreiller d'éternité
Moi. Réveil du quotidien

Crépuscule d'hommages
Aurore d'absence
Pishum émerge
Inexorable, puissant

Il marche vers la lumière
Moi je suis la nuit
Ton testament d'espérance
Sera mon bréviaire

IAMÉ UTSHIMAU JACK LAYTON

Morose Monday
cruel rain disgorges
dark news

The lash of wind
death, hungry stalker
is on the prowl

A choice morsel
she so particular
a serial killer
a reaper of hope

He was a great warrior
his secret weapon
his smile

His fiery spirit
burning integrity
and politics of caring

Come to touch
my cold heart
bereft of all belief

I shed tears
unexpected, sincere
to see revealed onscreen
the shadow with the broken voice

His destiny
a winner's fate
the price—his life

Time to sleep
he, eternity for a pillow
me, awaking to another day

Twilight of tribute
dawn of absence
Pishum rises
powerful, inexorable

He walks into the light
while I, I follow the night
your legacy of hope
my bible

VIRGINIA PÉSÉMAPÉO BORDELEAU est artiste pluridisciplinaire et écrivaine d'origine crie et algonquine. Elle est née en 1951 en Abitibi, dans le nord-ouest du Québec. Elle est peintre depuis plus de trente ans, son œuvre étant reconnue au Québec et à l'étranger. En 2006, elle a remporté le Prix régional d'excellence du Conseil des arts et des lettres du Québec. Elle a publié des poèmes et des essais dans plusieurs revues ainsi que deux romans, *Ourse bleue* et *L'amant du lac* et le recueil de poèmes *De rouge et de blanc,* qui s'est vu décerner la distinction Télé-Québec. En 2012, son recueil inédit « Le crabe noir » a obtenu le prix littéraire de poésie en plus de celui des libraires de l'Abitibi-Témiscamingue. En ce moment, elle termine ce recueil ainsi que son prochain roman. Après de nombreuses années à Québec, elle réside maintenant en Abitibi.

VIRGINIA PÉSÉMAPÉO BORDELEAU is a multidisciplinary artist and writer of Cree and Algonquin origin. She was born in 1951 in Abitibi, northwest Quebec. She has been painting for over thirty years, and her work is recognized in Quebec and abroad. In 2006, she won the Regional Award of Excellence from Quebec's Conseil des arts et des lettres. She has published poems and essays in various magazines as well as two novels, *Ourse bleue* and *L'amant du lac,* and the poetry collection *De rouge et de blanc,* which received honourable mention for the Télé-Québec award. In 2012, her unpublished collection "Le crabe noir" won the literary prize for poetry and the booksellers' prize for the Abitibi-Témiscamingue award for poetry. At present, she is completing work both on that collection and on her next novel. After many years spent in Quebec City, she now makes her home in Abitibi.

DÉCLARATION DE PAIX DES FEMMES
Pour Hélène Pedneault

...

La paix est de toutes les couleurs.
Comment pouvons-nous être des ennemis ?
Un lait du même blanc
coule de nos seins.
Un sang du même rouge
coule dans nos veines.
Mon sang peut sauver la vie
de celle ou celui qui ne pense pas
comme moi.
Nos gènes sont si semblables
que je peux être la jumelle
de celui ou celle qui ne partage pas
la même culture que moi.

La paix est la reconnaissance
de notre ressemblance.
La paix est une révolution.
Les femmes n'ont jamais eu peur de la paix.
Nous la négocions à tout instant
dans nos vies quotidiennes.
Quand nous faisons une révolution,
c'est avec la puissance
de notre sève et de nos racines.

Nous avons l'intelligence
de ne pas verser une seule goutte de sang,
pourtant, nous changeons le monde en profondeur.
Nous ne laissons rien d'intact derrière nous
et tout est ouvert devant nous.
Après notre passage,
tout est transformé
et le meilleur devient possible.

Nous avons le courage de la paix.
Nous savons que la paix commence dans notre corps,
dans notre cœur,
dans notre cour.
Nous savons aussi que la paix
n'est jamais signée
une fois pour toutes.
La paix est un rituel
de renaissance
qui se signe chaque jour.

La paix n'est pas un arrêt du temps
et de l'histoire,
ni un long fleuve tranquille,
ni un illusoire retour au paradis terrestre.
La paix est une évolution exigeante
qui ne cherche le repos
que dans la marche constante et obstinée
vers l'égalité
de tous les êtres vivants.

Le véritable progrès
ne peut s'accomplir que dans la paix
et le respect des vivants
et de leur environnement
terrestre et spirituel.
La paix est une réponse
à toutes les blessures infligées
à notre dignité,
jour après jour.
La paix est la condition de notre guérison.

Nous, femmes du Québec et d'Amérique,
femmes rouges, noires et blanches,
femmes du monde,
du présent et du futur,
femmes du XXIe siècle,
nous voulons avoir la conscience en paix.
Nous ne mettons pas au monde des races,
des prédateurs et de la chair à missiles.
Nous donnons au monde
des enfants de sang, de chair
de lait et d'amour.

...

WOMEN'S DECLARATION OF PEACE
For Hélène Pedneault

. . .

Peace comes in every colour
How can we be enemies?
Milk as white
flows from our breasts.
Blood as red
flows from our veins.
My blood can save the life
of someone who does not think
like me.
Our genes are so alike
that I could be the twin
of someone who does not share
my culture.

Peace is the acknowledgement
of our alikeness.
Peace is a revolution.
Women have never feared peace.
We negotiate it continually
in our day to day.
When we embark on revolutions
we do so with the strength
of our sap and our roots.

Virginia Pésémapéo Bordeleau

We have the intelligence needed
not to spill a drop of blood,
yet we bring profound change to the world.
We leave nothing intact behind us
and everything lies open ahead.
After we have come and gone,
all is transformed
and the best becomes possible.

We have the courage of peace.
We know peace begins in our body,
in our heart,
in our home.
We know too that peace
is never signed
once and for all.
Peace is a ritual
of rebirth
that is signed every day.

Peace is not a pause in time
and history,
or a long tranquil river,
or an illusive sense of earthly paradise.
Peace is an exacting evolution
that only seeks repose
in the continued obstinate march
toward the equality
of all living beings.

True progress
can only be achieved through peace,
respect for the living
and their environment,
both terrestrial and spiritual.
Peace is an answer
to all the wounds inflicted
on our dignity,
day after day.
Peace is the condition for our healing.

We, women of Quebec and America,
red, black, and white
women of the world,
of the present and the future,
women of the twenty-first century,
we wish for a clear conscience.
We do not give birth to races,
or predators, or fodder for missiles.
We give the world
children of blood, flesh
milk, and love.

. . .

REMERCIEMENTS

Je remercie de grand cœur les personnes suivantes :

- Chacun des écrivains et écrivaines si talentueux inclus ici dont les écrits m'ont tant touchée;

- Jean Sioui, Wendat de Wendake, directeur francophone du Programme à l'intention des écrivains autochtones en début de carrière, pour sa poésie et pour son travail avec tous ces jeunes écrivains « de toutes les nations qui prennent le bâton de parole »;

- Karen Olson, ancienne directrice du même programme, Cris/Anishnabe de la Première Nation Peguis du Manitoba, dont les paroles ci-après pourraient s'appliquer à n'importe lequel des contributeurs et à leurs langue et culture, « Je parle et j'écris en anglais, mai... dans mon cœur et mon âme, je suis Cris »;

- Sandra Laronde, directrice actuelle des Arts autochtones pour The Banff Centre, Teme-auguama-anishnabe (Peuple des eaux profondes) de Temagami au nord de l'Ontario, pour qui « l'imagination est le muscle permettant la compassion »;

- Christelle Morelli, talentueuse traductrice sans qui les lecteurs anglophones n'auraient jamais eu l'occasion de découvrir ces beaux textes;

- Maurizio Gatti, qui a le premier inclus certains de ces auteurs dans les anthologies amérindiennes qu'il a dirigées au Québec;

- Renate Eigenbrod aujourd'hui décédée, qui poursuivait le travail d'anthologie avec Maurizio Gatti pour tout le Canada;

- Robyn Read, Steven Ross Smith, Naomi Johnston, May Antaki, Leanne Johnson et Zach Alapi du Centre de Banff pour leur appui et leurs conseils précieux;

- Hugh Hazelton, Dynah Psyché et Laurent Chabin pour leur œil aiguisé;

- Paul Seesequasis, anciennement du Conseil des arts du Canada, et Suzanne Keeptwo, actuellement du Conseil des arts du Canada, responsables de la création et du soutien des programmes à l'intention des écrivains autochtones;

et tous les enfants de cette Mère Terre si fragile qui se consacrent à sa protection.

Nous remercions, pour avoir les premiers publié, monté en film ou en spectacle ces œuvres :

Les Éditions Cornac pour les extraits des recueils *Poèmes rouges, Je suis île* et *Le pas de l'Indien* de Jean Sioui, Québec, 2004, 2010, 2012 respectivement
Les Écrits des Forges pour des extraits du recueil *L'avenir voit rouge* (pages 14, 38, 40 et 42) de Jean Sioui, Trois-Rivières, 2008
Les Éditions Gaz Moutarde pour le poème « Mush apu etaiat athuk » d'Alain Connolly publié dans *Exit - Revue de poésie*, numéro 59, Montréal, 2010
L'Institut culturel éducatif montagnais pour « Identités flouées », « Oisiveté/Vérité », « Affirmations fragiles », « Lâche pas », « Au jour le jour », et « Progéniture/Écriture » du recueil de poésie de Mélina Vassiliou *Fou Floue Fléau*, Sept-Îles, 2008
Le journal Innuvelle pour le poème de Maya Cousineau-Mollen « Iamé Utshimau Jack Layton », Sept-Îles, septembre 2011
Mémoire d'encrier pour l'extrait du poème de Virginia Pésémapéo Bordeleau « Déclaration de paix des femmes », publié dans le recueil *De rouge et de blanc* (pages 53 à 59), Montréal, 2012

Mémoire d'encrier pour le poème de Réal Junior Leblanc « J'ai toujours vécu ici » publié dans l'anthologie *Mots de neige, de sable et d'océan* dirigée par Maurizio Gatti, Montréal, 2008

Mémoire d'encrier pour les poèmes de Manon Nolin « Origine égarée » et « La terre de ma langue », publiés dans le livre CD *Les bruits du monde,* dirigé par Laure Morali et Rodney Saint-Éloi, Montréal, 2012

La Peuplade pour le poème « *Ilnu* » du recueil *Béante* (pages 31-46) de Marie-Andrée Gill, Saguenay, 2012

Le Théâtre Ondinnok pour la présentation de la pièce de Jacinthe Connolly *Les Bougalous* dont la nouvelle « Les Bougalous » est une adaptation, Montréal, 2013

Wakiponi mobile pour un extrait du film *Blocus 138 - La résistance innue* (2012), soit le poème du réalisateur Réal Junior Leblanc « Blocus 138 » ainsi qu'un extrait de son film *L'enfance déracinée* (2013), le poème de Leblanc du même titre

Les citations dans l'introduction proviennent des ateliers de Jean Sioui et de Karen Olson ainsi que du discours de Sandra Laronde prononcé lors de la remise des diplômes à Trent University en 2011

ACKNOWLEDGEMENTS

My heartfelt thanks go out to the following:
- Each and every gifted writer included herein for your words that have touched me so;
- Indigenous Writing Program francophone faculty director Jean Sioui, Wendat from Wendake, for his poetry and for his work with all these young writers "from all nations who have taken up the talking stick";
- Karen Olson, former AEW faculty director, Cree/Anishnabe from Peguis First Nation, Manitoba, whose words could apply to all the contributors and their languages and cultures: "I speak and write in English, but ... in my heart and my spirit, I am Cree";
- Sandra Laronde, Director of Indigenous Arts for The Banff Centre, Teme-Auguama-Anishnabe (People of the Deep Water) from Temagami in northern Ontario for whom "imagination is the muscle for compassion";
- Christelle Morelli, translator, without whose talents English readers would not have had the opportunity to read these writers' fine texts;
- Maurizio Gatti for first anthologizing in Quebec many of the Indigenous writers featured here;
- The late Renate Eigenbrod who, with Maurizio Gatti, embarked on the work of anthologizing Indigenous writers for Canada as a whole;
- Robyn Read, Steven Ross Smith, Naomi Johnston, May Antaki, Leanne Johnson, and Zach Alapi of The Banff Centre for believing in this project and offering such expert assistance and guidance;
- Hugh Hazelton, Dynah Psyché, and Laurent Chabin for their eagle eyes;
- Paul Seesequasis, formerly of the Canada Council for the Arts, and Suzanne Keeptwo of today's Canada Council

for helping to create and support programs for Indigenous writers and artists;

And all the children of this fragile Mother Earth devoted to her protection.

Our thanks go out to the following for first publishing, airing, or staging these works:

Éditions Cornac for excerpts from Jean Sioui's *Poèmes rouges, Je suis île* and *Le pas de l'Indien*, Quebec City, 2004, 2010, 2012 respectively.

Écrits des Forges for excerpts from Jean Sioui's book of poetry *L'avenir voit rouge* (pp. 14, 38, 40, and 42), Trois-Rivières, 2008.

Éditions Gaz Moutarde for Alain Connolly's poem "Mush apu etaiat athuk" published in the journal *Exit—Revue de poésie*, issue 59, Montreal, 2010.

Institut culturel éducatif montagnais for "Identités flouées," "Oisiveté/Vérité," "Affirmations fragiles," "Lâche pas," "Au jour le jour," and "Progéniture/Écriture" from Mélina Vassiliou's collection of poetry *Fou Floue Fléau*, Sept-Îles, 2008.

Journal Inuvelle for Maya Cousineau-Mollen's poem "Iamé Utshimau Jack Layton," Sept-Îles, September 2011.

Mémoire d'encrier for the excerpt from Virginia Pésémapéo Bordeleau's "Déclaration de paix des femmes," published in *De rouge et de blanc* (pp. 53–59), Montreal, 2012.

Mémoire d'encrier for Réal Junior Leblanc's "J'ai toujours vécu ici" published in *Mots de neige, de sable et d'océan*, edited by Maurizio Gatti, Montreal, 2008.

Mémoire d'encrier for Manon Nolin's poems "Origine égarée" and "La terre de ma langue," published in the book/CD *Les bruits du monde*, edited by Laure Morali and Rodney Saint-Éloi, Montreal, 2012.

La Peuplade for the poem "Ilnu" from Marie-Andrée Gill's collection *Béante* (pp. 31–46), Saguenay, 2012.

Ondinnok theatre troupe for staging Jacinthe Connolly's play *Les Bougalous* of which "Les Bougalous" is an adaptation, Montreal, 2013.

Wapikoni Mobile for an excerpt from the film *La résistance innue - Blocus 138* (2012), i.e. director Réal Junior Leblanc's poem "Blocus 138–La résistance innue," as well as an excerpt from his film *L'enfance déracinée* (2013), i.e. Leblanc's poem of the same name.

Quotes found in the introduction come from Jean Sioui and Karen Olson's AEW workshop presentations and from Sandra Laronde's 2011 convocation address at Trent University.

MOTS/WORDS...

Akua tutadish (Innu) - prends soin de toi/take care of yourself

Ashini (Innu) - pierre, roche/stone, rock

Ashtim ute (Innu) - viens ici/come here

Cacouna - communauté malécite non loin de Sept-Îles/Maliseet community, not far from Sept-Îles

Cris Derksen - électro-celliste crie, finaliste pour les prix Juno, qui marie la musique traditionnelle de sa culture avec la musique contemporaine/Juno-nominated Cree electro-cellist who mixes traditional music from her culture with contemporary music

Ekuanitshit - communauté innue (connue aussi sous le nom Mingan) sur le fleuve Saint-Laurent/Innu community (also known as Mingan) on the Saint Lawrence River

Hatingënonniahahk (Wendat) - Nation de la Corde/Nation of the Cord

Iamé Utshimau (Innu) - adieu chef/farewell chief

Ilnu (Innu) - être humain, plus particulièrement, les Innu de la région du Lac-Saint-Jean/human being, more specifically, Innu from the Lac-Saint-Jean region

Ilnuatsh (Innu) - désigne l'ensemble des communautés Ilnu/refers to the Ilnu communities as a whole

Innu (Innu) - être humain, par extension le peuple, la nation/to be human and, by extension, the people, the nation

Innu-aimun - langue innue (connue autrefois comme le montagnais)/Innu language (formerly known as Montagnais)

Kashikat (Innu) - aujourd'hui/today

Kassinu (Innu) - groupe/group

Kuei (Innu) - bonjour/hello

Makusham (Innu) - danse/dance

Maliotenam - communauté innue près de Sept-Îles, aussi connue sous le nom de Mani-Utenam/Innu community adjacent to Sept-Îles also known as Mani-Utenam

Mamu (Innu)- ensemble/together

Mani-Utenam - communauté innue non loin de Sept-Îles, aussi connue sous le nom de Maliotenam/Innu community not far from Sept-Îles also known as Maliotenam

Mashteuiatsh - communauté des Pekuakamiulnuatsh (ilnue) non loin du Lac Saint-Jean/Ilnu community of the Pekuakamiulnuatsh on the shores of Lac-Saint-Jean

Menutan (Innu) - la pluie quand il y a du soleil/rain when the sun is shining

Mush apu etaiat athuk (Innu) - un orignal n'est pas un caribou/a moose is not a caribou

Mushum (Innu) - grand-père/grandfather

Neka (Innu) - mère/mother

Nimushum (Innu) - grand-père/grandfather

Nuhtshimitsh (Innu) - dans la fôret/in the forest

Nuitsheuan (Innu) - mon amie/my friend

Nukum (Cri/Cree) - grand-mère/grandmother

Pekuakami (Innu) - lac plat, à savoir le Lac-Saint-Jean/flat lake, i.e. Lac-Saint-Jean

Pekuakamiulnuatsh (Innu) - les Ilnuatsh du lac plat/Ilnuatsh of the flat lake

Pishum (Innu) - soleil/sun

Shaputuan (Innu) - maison longue/longhouse

Uashat - communauté innue près de Maliotenam/Innu community adjacent to Maliotenam

Unishinutsh (Innu) - perdu dans la forêt/lost in the forest

Upessamiu shipu (Innu) - rivière Betsiamites/Betsiamites River

Wendake - nation Wendat près de Québec/Wendat nation adjacent to Quebec City

Wendat - langue connue autrefois comme le huron/formerly the Huron language

Yänionnyen' (Wendat) - l'ours/bear